Máfia, poder e antimáfia

FUNDAÇÃO EDITORA DA UNESP

Presidente do Conselho Curador
Mário Sérgio Vasconcelos

Diretor-Presidente
Jézio Hernani Bomfim Gutierre

Superintendente Administrativo e Financeiro
William de Souza Agostinho

Conselho Editorial Acadêmico
Danilo Rothberg
Luis Fernando Ayerbe
Marcelo Takeshi Yamashita
Maria Cristina Pereira Lima
Milton Terumitsu Sogabe
Newton La Scala Júnior
Pedro Angelo Pagni
Renata Junqueira de Souza
Sandra Aparecida Ferreira
Valéria dos Santos Guimarães

Editores-Adjuntos
Anderson Nobara
Leandro Rodrigues

Wálter Fanganiello Maierovitch

Máfia, poder e antimáfia
Um olhar pessoal sobre uma longa e sangrenta história

Prefácio
Fernando Gabeira

editora **unesp**

© 2021 Editora Unesp

Direitos de publicação reservados à:
Fundação Editora da Unesp (FEU)
Praça da Sé, 108
01001-900 – São Paulo – SP
Tel.: (0xx11) 3242-7171
Fax: (0xx11) 3242-7172
www.editoraunesp.com.br
www.livrariaunesp.com.br
atendimento.editora@unesp.br

Dados Internacionais de Catalogação na Publicação (CIP) de acordo com ISBD
Elaborado por Vagner Rodolfo da Silva – CRB-8/9410

M217m

    Maierovitch, Wálter Fanganiello
        Máfia, poder e antimáfia: um olhar pessoal sobre uma longa e sangrenta história / Wálter Fanganiello Maierovitch. – São Paulo: Editora Unesp, 2021.

        Inclui bibliografia.
        ISBN: 978-65-5711-021-8

        1. História. 2. Máfia. 3. Crime organizado. 4. Crime. 5. História contemporânea. 6. Antimáfia. I. Título.

2021-523

CDD: 900
CDU: 94

Editora afiliada:

Asociación de Editoriales Universitarias
de América Latina y el Caribe

Associação Brasileira de
Editoras Universitárias

In memoriam
Ao meu querido pai Moysés, uma vida de luta
iluminada pelo brilho da estrela de David.

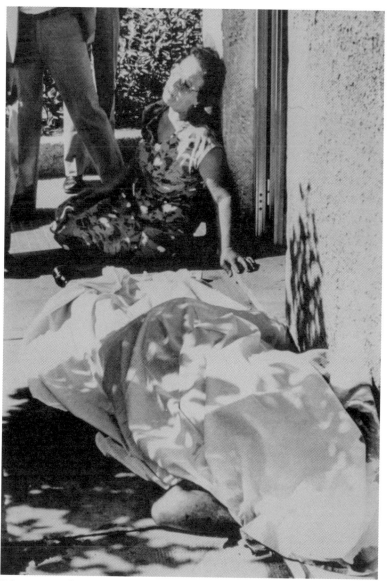

Salvatore Inzerillo, conhecido como "Totuccio", mafioso italiano ligado à Cosa Nostra, assassinado em 11 de maio de 1981.

Noi fummo i Gattopardi, i Leoni; quelli che ci sostituiranno saranno gli sciacalletti, le iene; e tutti quanti Gattopardi, sciacalli e pecore, continueremo a crederci il sale della terra.

Giuseppe Tomasi di Lampedusa

Sumário

Prefácio 13
Fernando Gabeira
Apresentação 17

1. Memória das cinzas 35
2. Somos sempre os mais fortes.................. 49
3. Cadáveres de excelência e *omertà* 75
4. De Nápoles a Palermo 95
5. Terrorismo e máfia 119
6. Direito premial e antimáfia 137
7. Estado e Máfia 159
8. Política criminal e o problema das drogas 171
Epílogo 211
Apêndice: Miscelânea criminal 213

Referências bibliográficas 231
Índice remissivo 237

Prefácio

Fernando Gabeira

A máfia e o crime organizado são temas preferenciais de cinema, séries de tevê e mesmo literatura. No entanto, ganham novo fascínio quando tratados no livro de um dos maiores especialistas mundiais no assunto: o brasileiro Wálter Maierovitch.

Em *Máfia, poder e antimáfia*, nossos conhecimentos ganham profundidade sem que, em nenhum momento, o interesse e a curiosidade sejam perturbados pela erudição.

Qual o mistério, então? É que, além de haver participado dos principais encontros da ONU (Viena, Palermo) sobre máfia e crime transnacional, Wálter Maierovitch discute o tema há 17 anos na Rádio CBN, no quadro Justiça e Cidadania. Ele sabe traduzir a linguagem complexa dos livros de direito e tratados internacionais para o idioma do leigo.

Suas constantes conferências sobre o tema para o público universitário iluminaram para ele também aqueles pontos que mais interessam aos leigos. Um deles é o código de ética da máfia: no livro, ele conta, por exemplo, entre tantas curiosidades, a história de um soldado da máfia que se apaixonou por uma mulher casada – e era correspondido. Sua paixão apresentava um problema de segurança para a organização. A saída encontrada: matar o marido e casar-se com a mulher.

De um ponto de vista teórico, Maierovitch tem desempenhado um importante papel no Brasil, ampliando o conhecimento sobre o crime organizado transnacional. Em parceria com a professora italiana Alessandra Dino, ele organizou o livro *Novas tendências da criminalidade transnacional mafiosa* (2010), também publicado pela Editora Unesp.

Respaldado por sua prática do combate ao crime organizado e também por seus estudos em direto penal, Wálter Maierovitch conseguiu aprovar uma importante lei no governo Fernando Henrique Cardoso. A partir dela, o governo poderia vender os bens apreendidos dos traficantes, garantindo a devolução com títulos públicos, em caso de absolvição definitiva. Essa iniciativa fez com que Maierovitch fosse convidado para conferências na Colômbia, num esforço para levar o modelo para toda a América do Sul.

O mais importante de tudo, além do conhecimento teórico e prático do autor, é que ele sabe analisar a experiência da máfia e estabelecer as suas influências sobre o crime organizado em um país como o Brasil.

A máfia começou cobrando pedágio de comerciantes em troca de segurança. É precisamente o caminho que tomaram as milícias no Rio de Janeiro, por exemplo. Só depois de

MÁFIA, PODER E ANTIMÁFIA

capitalizar com essa modalidade de extorsão é que partiram para tarefas mais complicadas.

Assim como a Máfia italiana, as milícias do Rio também produzem seus "cadáveres de excelência", isto é, matam políticos ou magistrados que entram em seu caminho. Na Itália mataram, entre outros, o grande juiz Giovanni Falcone, com que Wálter Maierovitch trabalhou na década de 1980. À época, Wálter ainda era juiz em Itapecerica da Serra, mas foi chamado a contribuir com Falcone, que viera ao Brasil para extraditar Tommaso Buscetta, o grande chefe da máfia que acabou revelando na Itália os grandes segredos de sua organização e do capo de Corleone, Salvatore Riina. Buscetta decidiu contribuir com a justiça porque Riina fugiu ao código de ética, matando familiares seus.

O papel de Wálter Maierovitch no episódio foi fundamental. Falcone não conhecia o Brasil e precisava de informações precisas sobre como manejar Buscetta nos presídios brasileiros antes da extradição. Se houvesse qualquer erro de cálculo, o futuro colaborador seria executado ainda na cadeia.

Por falar em Brasil, a presença do crime organizado brasileiro no presente livro nos ajuda a compreender como as táticas das organizações se tornaram universais. Nele, compreendemos o mecanismo que determina os assassinatos lá fora e também em nosso país. Destaca-se o caso de Marielle Franco, uma das figuras políticas que se contrapôs às milícias cariocas.

O livro também aborda nossos vizinhos latino-americanos. Já no início, tomamos contato com as grandes operações antidrogas e seu fracasso. Wálter Maierovitch acompanhou a chamada Operação Dignidad, na Bolívia, destinada a substituir o plantio de coca pelo de outros produtos agrícolas. A operação fracassou – é interessante notar que seu lançamento era uma tentativa de apresentar algo mais eficaz do que a famosa "Guerra contra as Drogas".

Portanto o livro mostra as táticas do crime organizado, descreve seus métodos e sua história, avalia os métodos de combate a essas organizações, mas não se nega a reconhecer alguns fracassos nesse processo, assim como a insistência, durante alguns anos, em praticamente ignorar um adversário moderno e extremamente aberto para explorar todas as possibilidades da globalização.

Depois dessa longa experiência de congressos internacionais e constantes debates com especialistas italianos, Wálter Maierovitch não nos ajuda a compreender apenas a Máfia e seu papel na Itália: seu livro também serve de farol para a compreensão do crescimento do crime organizado no Brasil.

Dificilmente alguém conseguirá reunir em um só livro algo mais completo e interessante do que o material apresentado neste volume.

Apresentação

Certa vez, durante um encontro de trabalho no escritório vienense das Nações Unidas sobre drogas proibidas e criminalidade, assaltou-me uma lembrança. Algo incrível, pois estava a ouvir altas autoridades, operadores e especialistas internacionais quando me lembrei de uma conversa de mais de vinte anos com o então prefeito da cidade de Jales, município de porte médio e distante 500 km da capital do estado de São Paulo. Foi em Jales, em 1979, o início da minha carreira de magistrado estadual, conquistada em concurso público de provas e títulos.

Esse prefeito municipal, de sobrenome Caparroz e com o qual estive apenas uma vez por ocasião de solenidade no fórum da comarca, disse-me, com jeitão humilde, que o cidadão com autoridade pública, investido em cargo de relevância social, precisava ser capaz de enxergar o que acontecia atrás de um poste de iluminação elétrica. Era tempo, nas ruas e praças públicas, dos postes fincados no solo, com passarinhos a pousar nos fios.

Pois bem, no interior daquele "palácio de vidro" da Organização das Nações Unidas (ONU), bem próximo do majestoso e bem preservado Danúbio azul, não existiam postes, e era preciso ter olhos aguçados.

Olhos para captar as intenções, ideologias, intromissões nos estados soberanos, omissões voluntárias de informações por meio de marketing contaminado por propaganda enganosa. Também atentar às engrenagens escondidas debaixo das políticas criminais e sociais apresentadas, dos projetos com camuflada violência e risco à saúde das populações, a exemplo do derramamento de herbicidas por aviões, contaminando rios e poluindo o ar. Olhos para perceber a tentativa de aniquilamento de direitos naturais da pessoa humana e das liberdades públicas. E para não perder de vista os interesses econômicos e os empolgados discursos de oradores com horas e horas de *media training*.

Com efeito, a atração daquele dia de trabalho, para surpresa geral, ficou por conta do então presidente da Bolívia, general Hugo Banzer Suárez. O general-presidente era conhecido por ostentar no currículo um passado de ditador.

Banzer apresentou, como numa *avant-première* cinematográfica da jornada, o seu "Plan Dignidad", e estava ali em busca de financiamentos e apoios internacionais. Visto de trás do poste, Banzer, apoiado pelos Estados Unidos, tinha, em um golpe militar de Estado, apossado-se do poder em 1971. Em 1978, foi apeado da presidência por outro golpe. Voltou em 1997 pelo voto popular. A partir daí, e para mudar o figurino internacional, trocou a farda pelo terno com gravata e os seus auxiliares passaram a chamá-lo de general-presidente.

O Plan Dignidad versava sobre o cultivo substitutivo à coca: saía a tradicional folha de coca e no lugar entrariam frutas, milho, feijão e quejandos. Àquela época, a Bolívia era dividida em duas áreas de cultivo de coca: a legal (tradicional) e a ilegal. A ilegal e de plantio abundante estava na região do Chapare, no Trópico de Cochabamba. A comunidade internacional da época nunca havia ouvido falar do nome de Evo Morales, líder sindicalista cocaleiro dentro da lei, pequeno produtor em área de cultivo permitida.

Enquanto Banzer falava das maravilhas do Plan Dignidad, percebi nunca haver chegado às suas mãos o ensaio do siciliano Gaetano Mosca sobre criminalidade, que Gian Carlo Caselli e Antonio Ingroia, quando magistrados antimáfia na Sicília, utilizaram no magnífico ensaio *Che cosa è la Mafia*.[1] Gaetano Mosca era jurista, pensador, cientista político e professor nas universidades de Torino, Milão e Roma, nascido em 1858 e falecido em 1941. Ao tratar da criminalidade organizada de *stampo* mafioso, mais especificamente da Cosa Nostra siciliana, Mosca ressaltava a necessidade, para contrastá-la, de um outro tipo de cultura, ou seja, a cultura da legalidade, que é transformadora e gera, como ensinava, "mudança psicológica" de atitude.

Na Bolívia, a folha da coca é sagrada e de uso necessário para os povos indígenas enfrentarem a altitude andina. O problema do Plan estava nas organizações criminosas e a respeito disso

---

1 Mosca, *Che cosa è la mafia: con un saggio di Gian Carlo Caselli e Antonio Ingroia*.

Banzer nada dizia. Essas organizações sempre dependem da matéria-prima, que é a folha da coca, para, com insumos químicos adquiridos no mercado internacional (a Bolívia não tem indústria química), realizarem a transformação em cloridrato de cocaína (pó de cocaína). Afora isso, há o fato de o Produto Interno Bruto (PIB) boliviano ser dependente, até hoje, do mercado ilegal operado em rede planetária pelas internacionais criminosas.

No caso, a mudança de cultura implicaria também a conscientização dos cultivadores de áreas legais, sindicalizados ou não, que vendiam, e ainda vendem, a folha da coca nos mercados livres e fingem não se interessar por quem são os adquirentes. Em reuniões dos sindicatos cocaleiros bolivianos, já houve deliberação unânime para se tentar obter um esforço internacional em apoio à legalização e liberação do uso da cocaína. No seu primeiro discurso em assembleia geral da ONU, o então presidente Evo Morales exibiu e falou da folha do arbusto da coca.

A manifestação de Banzer em defesa do Plan Dignidad fazia sentido para muitos representantes dos estados-membros da ONU, especialmente para os não conhecedores da região. Pelo que percebi, muitos nunca tinham ouvido falar do Chapare e nem do que havia sido a violenta ditadura Banzer.

Banzer também omitiu a opinião dos denominados "cocaleiros", dos seus sindicatos e dos prefeitos municipais – aliás, todos contrários a ele. De viva voz, os cocaleiros tinham-me contado sobre isso, em jantar tenso, quando estive por lá. Os químicos elaboradores da droga e os traficantes também

MÁFIA, PODER E ANTIMÁFIA

sonham com a liberação da produção de cocaína. Nos laboratórios clandestinos de refino existe uma derivação quando aumentam os controles internacionais, ou seja, são postas em prática medidas consistentes na substituição do éter ou da acetona faltantes pelo cimento cinza ou o querosene.

Como se diz popularmente, "estava na cara" que os cocaleiros do Chapare estavam prontos a resistir, mas sobre eles Banzer silenciava.

O tempo demonstrou que a venda da folha transformada em pasta de coca rendia muito mais do que os alternativos milho, feijão, abacaxi, banana etc., previstos para exportações aos países da América do Sul, com a Argentina como principal mercado comprador. Para complicar, a economia argentina estava na iminência de entrar em bancarrota.

O escritório da ONU para o fenômeno das drogas e crime apoiou e financiou parte do plano de Banzer. Avaliou-o como algo importante, inovador. Sob o prisma da geoestratégia, como bem sabia o respeitado sociólogo Pino Arlacchi, era tempo de se apresentar algo novo: Arlacchi, quando do encontro, era o diretor do escritório das Nações Unidas, ex-senador italiano, um dos maiores especialistas do fenômeno mafioso e autor da consagrada obra *La mafia imprenditrice*.[2]

Frisemos que tratava-se de um modelo diverso à política norte-americana da guerra às drogas (*war on drugs*), que saiu vitoriosa na Convenção da ONU de 1961 e previa, a partir de

---

2 Arlacchi, *La mafia imprenditrice: l'etica mafiosa e lo spirito del capitalismo.*

1964 e pelo prazo de 25 anos, apenas erradicações, incluídos maconha e ópio.

O Plan Dignidad, que teve a minha oposição, resultou, ironicamente, em estradas bem pavimentadas que passaram a servir também aos traficantes de pasta básica. De positivo, escolas, bibliotecas, postos médicos, como tive oportunidade de verificar *in loco*. Os pequenos agricultores que entraram no plano, e valia para ambas as zonas (lícitas e ilícitas), não conseguiram, entretanto, exportar, e as safras de frutas pereceram nos pés.

Banzer não demorou a usar as Forças Armadas para impor, com violência, o Plan Dignidad. Ele quis, *manu militari*, erradicar os cultivos e inibir os cocaleiros. A violência serviu para revelar a contradição, pois a dignidade dos produtores não foi respeitada. Houve dura resistência por parte dos cocaleiros que vendiam nos mercados, pois a folha representava um cultivo de subsistência econômico-familiar.

O Plan Dignidad fracassou. Como havia lembrado o siciliano Gaetano Mosca, sem mudança cultural a criminalidade sempre vence.

Na já mencionada e concorrida *"avant-première"* vienense, estava também o representante do México, com "cara de paisagem". Seu antecessor, o "Drug Czar of México", general Jesús Hector Gutiérrez Rebollo, estava sendo acusado de haver sido cooptado pelo mais potente dos cartéis mexicanos de drogas. Condenado a quarenta anos de prisão, Rebollo virou personagem do filme *Traffic*, campeão de bilheteria. Detalhe: no filme, um sósia de Rebollo fez o papel do "czar".

Naquele encontro de Viena, que nenhum livro tratou com profundidade, estava presente o inconveniente secretário antidrogas do Suriname, país do ditador Dési Bouterse, condenado definitivamente na Holanda por tráfico internacional de drogas. O tal secretário nacional circulava pelos salões, pregando a inexistência na Colômbia de folha de coca e de produção de cloridrato de cocaína. Era um negacionista do tráfico internacional de drogas ilícitas. Quase um ano depois, voltei a encontrá-lo na ilha norte-americana de Key West. Foi num encontro de líderes organizado pelo governo Bill Clinton. O secretário do Suriname não gostou do meu discurso e voltou a defender sua estranha tese. Importante ressaltar: essa tese jamais foi levada a sério, nem pelos colombianos. E nunca contou à época da peroração com o apoio do íntegro presidente colombiano Andrés Pastrana. A propósito, Pastrana aprovou o Plan Colombia de erradicação da folha de coca, em uma parceria com os EUA, cujo czar antidrogas, o general Barry McCaffrey, republicano no governo democrata Bill Clinton, comandara a fracassada *war on drugs*.

O anúncio do Plan Colombia por Pastrana foi adiado em razão de ataques da guerrilha. As autoridades internacionais, todas interessadas em saber sobre o até então secreto Plan Colombia, permaneceram em hotéis, sem sair e sob proteção do exército. Dois soldados com metralhadoras ficaram de plantão na porta do quarto do segundo andar do hotel que eu ocupava. Os gentis camareiros traziam as refeições e sorvetes das deliciosas frutas da Amazônia colombiana, enquanto me sentia em uma espécie de prisão em quarto de hotel 5 estrelas.

Com o adiamento do anúncio do Plan Colombia, fui visitar, no dia seguinte, em carro blindado, escolta e sirenes ligadas, um *bunker*, pleno de retratos de militares mortos heroicamente em combate a narcotraficantes dos famosos cartéis. E já se sabia, pelos serviços de inteligência militar, de membros das Farc (Forças Armadas Revolucionárias da Colômbia) a integrar o rendoso tráfico de cocaína.

Nessa minha visita àquele país, além da previsão de participar de encontro com o presidente Pastrana para conhecer o Plan Colombia, estava programada uma conferência na qual eu deveria destacar minha iniciativa, convertida em medida provisória pelo presidente brasileiro Fernando Henrique Cardoso, sobre a venda imediata de bens apreendidos com traficantes, com títulos da União em garantia e uso indenizatório em caso de absolvição judicial definitiva do processado criminalmente.

Surpresa: terminada a exposição, o general norte-americano Barry McCaffrey, autor do Plan Colombia imposto goela abaixo ao presidente Andrés Pastrana, chamou três generais colombianos. Na sequência, indagou se tinham entendido bem a exposição feita em língua portuguesa e que providenciassem, em regime de urgência, a aprovação de norma igual no Parlamento colombiano. Como eu sabia bem, McCaffrey tinha forte ascendência sobre os comandantes militares colombianos.

Na saída do *bunker*, recebi um livro de presente. Livro de autoria do general Rosso José Serrano Cadena, com o título *Jaque Mate* e subtítulo *De como la policia le ganó la partida a el ajedrecista y a los carteles del narcotráfico.* A obra relatava o desmantelamento do cartel de Cáli, operado pelos irmãos Orejuela. Hoje, na Colômbia, temos uma miríade de *cartelitos*: eles substituíram os grandes cartéis e seus chefes fogem dos holofotes da mídia.

Na presente obra, classificada pela Editora Unesp como "jornalismo histórico", procuro abordar, sem deixar de relatar as experiências vividas e os bastidores, o fenômeno da criminalidade organizada em redes planetárias e locais, os sistemas criminais de poder, os métodos mafiosos e terroristas, algo que estudo desde 1980 e para o qual entendo só caber o contraste dentro da legalidade.

Na Convenção de Palermo, da qual tive a honra de participar e contribuir, optou-se por uma definição minimalista de criminalidade organizada. A partir daí, costumo com ironia observar que, como aconteceu com a *pizza* e o espaguete, o modelo mafioso não se circunscreve mais à Itália: o termo "máfia" espalhou-se mundo afora. O conceito de organização de modelo mafioso se alargou. A Convenção como que colocou um "s", a tornar máfias ou pré-máfias várias associações criminais presentes no planeta. Os empresários e políticos brasileiros, nos esquemas corruptores conhecidos por "Mensalão" e "Lava Jato", colocaram em prática, à luz da Convenção de Palermo, o método e o sistema mafioso.

No primeiro capítulo deste livro, relembro, como porta de entrada necessária ao ingresso na compreensão dos fenômenos criminais, as tragédias que levaram, com muito atraso, à

Convenção de Palermo, até agora o único instrumento jurídico a tratar da criminalidade transnacional.

Em todo este livro, apresento, além dos fatos, os personagens do mundo criminal e os da resistência. Muitos deles perderam suas vidas. Recordo, na estação do terror mafioso, as vítimas comuns e os *cadaveri eccellenti*, para usar a consagrada expressão do escritor e jornalista siciliano Leonardo Sciascia. Chamo a atenção, e cito exemplo, para a influência eleitoral por parte das organizações criminosas que, como as milícias cariocas e o PCC (Primeiro Comando da Capital), detêm controles de território e social, a comprometer a cidadania e os direitos fundamentais da pessoa humana. Como noticiado pela imprensa, na capital do Rio de Janeiro, várias zonas eleitorais, com seções de coletas de votos por urnas eletrônicas, estão dentro de territórios controlados pelas milícias e comandos criminais.

Por não ser obra jurídica, institutos fundamentais – como o direito premial por meio da colaboração com a Justiça – são tratados nesta obra à luz de casos concretos. Não coube, por exemplo, incluir discussões acadêmicas sobre a natureza jurídica dos acordos de colaboração com a Justiça. Preferi mostrar como surgiram os casos de resultados positivos: o direito premial à luz da relação custo-benefício, pois à Justiça interessa, levada em conta a deontologia e, como já se escreveu, "não deixar impunes os crimes e não punir os inocentes". Não esqueci os dilemas, como o ocorrido com Giovanni Brusca, chefe mafioso de San Giuseppe de Jato, que se habilitou a colaborar com a Justiça italiana. Brusca foi quem acionou, a distância, a carga

MÁFIA, PODER E ANTIMÁFIA

de dinamite a mandar aos ares e matar o magistrado Giovanni Falcone, sua esposa e os membros da escolta, todos no interior de dois carros blindados.

Na obra, realizei um permanente vaivém pelo túnel do tempo. A propósito, na minha vida de estudioso e operador do Direito, jamais poderia imaginar que tudo tomaria uma dimensão inesperada quando atendi um telefonema da Embaixada da Itália. Isso me colocou em contato com Giovanni Falcone, à época um magistrado desconhecido no Brasil e pouco conhecido internacionalmente.

Nessa ocasião, eu era juiz de Direito titular da 1ª Vara de Itapecerica da Serra, de competência cumulativa, cível e criminal, com júri, Corregedoria da Polícia Judiciária e das suas superlotadas celas. Já preparava minha transferência para o cargo de juiz auxiliar da capital, onde atuei, jurisdicional e administrativamente, na Vara das Execuções Criminais do Estado de São Paulo e na Corregedoria dos presídios de todo o sistema carcerário paulista. Posteriormente, assumi o Departamento de Inquéritos Policiais e a Corregedoria da Polícia Judiciária. Aquilo que era considerado um "abacaxi" na carreira de um magistrado acabou sendo um grande laboratório de aprendizado.

Volto ao telefonema. O embaixador me pedia para ter uma conversa com um magistrado italiano que estava no Brasil para acompanhar o processo de extradição do mafioso Tommaso Buscetta, conhecido como o "*boss* dos dois mundos".

Preso na cidade de São Paulo em 24 de outubro de 1983, teve a extradição pedida pelo Estado italiano. Para tentar

Wálter Fanganiello Maierovitch

Giovanni Falcone.

interrogar Buscetta e acompanhar o processo de extradição, veio ao Brasil Giovanni Falcone. Nosso encontro ocorreu em São Paulo, quando Buscetta estava numa delegacia da Polícia Federal, no bairro de Higienópolis.

Preocupado com a segurança pessoal do custodiado, Falcone queria saber se valeria a pena transferir Buscetta para a então Casa de Detenção de São Paulo. Depois do meu relato, me perguntou quanto tempo Buscetta permaneceria vivo em caso de transferência. Diante da minha resposta de que em dois dias estaria morto, Falcone me apertou o braço, agradeceu e segredou: "Acho que, pelo que você conta e o que vimos, não passaria de duas ou três horas". Destacou: a transferência seria outra tragédia. A seu convite, jantamos na então famosa Cantina Roma, no bairro de Higienópolis, muito perto da carceragem onde estava custodiado o *boss* dos dois mundos". Cheguei a perguntar sobre a escolha da cantina e Falcone me segredou: "Tenho informações de que o *maître d'hôtel* (não esqueço dessa terminologia usada pelo magistrado) prepara e serve a pasta e o molho das refeições de Buscetta".

Falcone parecia intuir que talvez conseguisse as confissões: dois filhos de Buscetta tinham sido massacrados pelos mafiosos de Corleone, vencedores da "guerra de Máfia", da qual o grupo de Buscetta saiu perdedor. Os sanguinários corleoneses, sempre dizia Buscetta, tinham atentado contra uma regra secular: aquela que não permitia matar parentes de mafiosos não pertencentes à organização criminosa. Buscetta considerava os corleoneses traidores e isso o autorizava, como concluiu depois, a descumprir a *omertà*, que é a lei mafiosa do silêncio. Cito uma passagem de Buscetta: "Não estou arrependido, sou apenas um homem cansado e atormentado que, tendo atingido um certo ponto da vida, com um certo amadurecimento da experiência e da capacidade de julgar, percebeu em que se transformou a Máfia e se convenceu a ajudar a justiça a desmantelá-la".[3]

A intuição de Falcone confirmou-se quando Buscetta chegou à Itália. Ele desnudou a Cosa Nostra e o chamado Teorema Buscetta acabou sendo, pela mais alta corte de Justiça italiana, admitido como válido e contou como meio de prova. A extradição efetivou-se em 7 de julho de 1984.

Com Falcone e Gian Carlo Caselli, procurador antimáfia na Sicília onde a Cosa Nostra declarou guerra ao Estado italiano, aprendi, nos escritos, palestras e conferências, a mergulhar em fatos, buscar exemplos, citar obras, revirar bibliotecas, manter hemeroteca, ter catalogada a jurisprudência, enfim, não desprezar nada e não me precipitar nas conclusões. Um exemplo: ao cuidar da lavagem de dinheiro e da reciclagem de capitais em atividades formalmente lícitas, não deixei de mencionar, nesta obra, Michele Sindona, apelidado de "banqueiro do Vaticano e da Máfia".[4] Para Giuliano Turone, magistrado e escritor, o sici-

---

3 Arlacchi, *Addio Cosa Nostra: la vita di Tommaso Buscetta*.

4 Conhecido como "banqueiro do papa e banqueiro da Máfia" (em alguns jornais italianos, preferiu-se "banqueiro do Vaticano e da Máfia), o potente Michele Sindona foi um dos mais ativos lavadores de dinheiro da máfia. Sindona esteve envolvido no "escândalo do Banco Ambrosiano" e lavava dinheiro para chefões da Cosa Nostra siciliana. Morreu na prisão, em março de

MÁFIA, PODER E ANTIMÁFIA

liano Sindona foi um financista com aventuras na política, no Vaticano e na Máfia.

Ainda sobre lavagem de dinheiro, política criminal e ética, que é tema de um dos capítulos, a seguir esta obra cuidou de estratégias de criminosos poderosos e potentes, analisou a operação Mãos Limpas e o grave erro do Estado ao estabelecer tratativas com a criminalidade organizada.

Já com o livro pronto, confirmou-se, diante de investigações sobre a Camorra napolitana e o mercado explorado da contrafação criminal no campo da moda, a aceitação de emprego de capitais disponibilizados por investidores sem antecedentes criminais. Em outras palavras, parceria capitalista com a Camorra, organização que domina o mercado internacional da contrafação.

No Brasil, empreiteiros e políticos, formando organização criminosa, infiltraram-se no Estado, corromperam e sugaram recursos. Quanto a isso, a presente obra destaca a natureza parasitária das máfias.

A prevenção ao crime também não foi esquecida, apontando-se o caminho trilhado em Palermo, tida como a capital mundial da Máfia e transformada na capital mundial da antimáfia. Para se ter ideia de um fundamental trabalho preventivo, mencionei a associação Libera, conduzida pelo progressista don Luigi Ciotti. O programa inicial de educação à legalidade

---

1986, após ingerir café envenado em seu desjejum. Ver Simoni; Turone, *Il caffè di Sindona: un finanziere d'avventura tra politica, Vaticano e Mafia*, p.18-20.

democrática da Libera logrou contar com 8 mil professores e 800 mil estudantes italianos.

Um dos capítulos trata da geopolítica, da geoestratégia e da geoeconomia das drogas proibidas, sempre com fatos e bastidores de períodos em que atuei a convite das Nações Unidas em assembleia especial sobre drogas e na convenção de Palermo, sem olvidar a passagem pela Secretaria Nacional Antidrogas junto ao gabinete da Presidência da República: o presidente era Fernando Henrique Cardoso e o gabinete institucional superiormente conduzido pelo general Alberto Mendes Cardoso, com a assessoria de inteligência, que me foi muito fundamental, prestada pelo oficial Marcio Buzanelli.

Enfim, desde criança, pela minha formação judaico-cristã, sem olvido da formação profissional de magistrado e a experiência como comentarista do quadro *Justiça e Cidadania*, com 17 anos de Rádio CBN-Globo em interlocuções com o jornalista Milton Jung Júnior, repetidas vezes ouvi falar, sempre a entrar por um ouvido e sair pelo outro, da existência de tempo certo e momento azado para fazer as coisas.

Embora nunca tenha levado isso a sério, usei a recomendação do tempo e do momento, presente no milenar livro *Eclesiastes*, para escapar das conversas e fugir dos conselhos para colocar em mais um livro os estudos feitos, toda a experiência vivida e adquirida no trato do fenômeno da criminalidade organizada, quer de matriz mafiosa, quer terrorista.

A resposta, sempre com educação e consideração ao interlocutor, habitou a ponta da minha língua. Dizia a todos: não havia ainda chegado o tempo e o momento. No fundo, achava estar o interesse das pessoas limitado àquilo que os empolgava nos filmes e até no espanto ao tomar conhecimento da prática cotidiana do ambíguo código de ética mafioso.

Nas conferências, aulas e palestras, percebia como os ouvintes ficavam mais atentos quando, extraído de processo criminal italiano, era exposto o acontecido com o soldado mafioso apaixonado e com amor correspondido de uma mulher casada. Advertido pelo *capomafia* de que sua conduta violava o código mafioso, que nunca fora escrito, mas foi difundido por tradição oral, o soldado mafioso abateu-se e, deprimido, não mais servia como antes à organização delinquencial. Para terminar com o abatimento do soldado mafioso apaixonado, a solução do *capo* foi que ele matasse o esposo e, posteriormente, se casasse com a viúva. Essa moral ambígua atraía a curiosidade nos auditórios.

Não me empolgava escrever para interessados apenas no entretenimento, no *glamour* dos filmes, nos quais, muitas vezes, há o erro de se torcer pelo sucesso do mafioso. Ou julgar razoável, naquele universo, mandar matar o irmão traidor do clã familiar.

As organizações criminosas transnacionais são violentas, sanguinárias, corruptoras e merecem nota zero em *glamour*. A minha experiência nesse campo é triste, com muitas pessoas mortas no cumprimento do dever. Várias vezes, o sentimento de impotência fica a doer entre o coração e a alma, como ocorreu, por exemplo, com Antonino Caponetto, chefe do *pool* de magistrados do Ministério Público palermitano ao saber das mortes de Falcone e de Paolo Borsellino.

Políticas e iniciativas, sem conhecimento do fenômeno, sabe-se de antemão tenderem ao fracasso. O triunfo de criminosos poderosos (políticos) e potentes (detentores de poder econômico) mostram que o princípio republicano básico, o de todos serem iguais perante a lei, só é lembrado para iludir incautos.

De repente, como se existisse mesmo o tempo e o momento apropriado, o professor Jézio Gutierre, diretor presidente da Editora Unesp, me procurou para dizer ter chegado a hora do meu segundo livro. Fez sugestões e a ficha só caiu quando fui convencido da utilidade do futuro livro. Aí, veio o impulso de contar, berrar, como se fosse possível, por meio das palavras escritas. Dessa luta, tive o reconhecimento da chefia do Estado italiano e a suprema honra em receber, do presidente Oscar Luigi Scalfaro, o título de "Cavalieri della Repubblica".

Finalmente, é necessário registrar que as narrativas e análises presentes neste livro não têm pretensão de cobrir toda a temática mafiosa. O texto nasce do ponto em que minha trajetória se entrelaça à de tantos envolvidos no combate ao crime organizado transnacional e a partir daí se debruça especialmente sobre as ações de organizações criminosas ocidentais, com destaque para as italianas. Isso explica a ausência, no livro, de organizações do Leste europeu e da Ásia.

Wálter Fanganiello Maierovitch

I
MEMÓRIA DAS CINZAS
DA CONVENÇÃO DE VIENA À CONVENÇÃO EM PALERMO

Naquela palermitana manhã de 12 de dezembro de 2000, a meteorologia previa dia luminoso em toda a ilha siciliana, mar sereno, temperatura em elevação e máxima de 16 graus. Permanecia inalterado, porém, o clima de tristeza decorrente da secular e indomável violência mafiosa.

Era um dia especial. Dizia-se aos quatro ventos que finalmente a ONU marcaria presença na capital da Sicília, a cidade de Palermo, onde seria realizada a Convenção das Nações Unidas contra o Crime Organizado Transnacional. Só após terem se passado oito anos desde as duas últimas tragédias sicilianas de repercussão internacional, em 1992,[1] a ONU demonstraria

---

1 As duas últimas tragédias sicilianas de impacto planetário consumaram-se justamente em 1992, em 23 de maio e 19 de julho. Ambas aconteceram quando a Máfia siciliana, também conhecida por Cosa Nostra, dinamitou os magistrados Giovanni Falcone e Paolo Borsellino. Com eles, faleceram também os componentes das escoltas, além de Francesca Morvillo, esposa de Falcone (juíza, mas que não cuidava de criminalidade organizada mafiosa), e Emanuela Loi, a primeira mulher a ser destacada para escolta de autoridades antimáfia, pertencente à Arma dos Carabineiros, uma das forças armadas italianas. Falcone e Borsellino tiveram as suas "sentenças de morte" emitidas pelo

preocupação com as máfias, percebendo que estava diante de um fenômeno de criminalidade transnacional, o que justificava a convocação dos seus estados-membros para uma convenção específica sobre o tema.[2]

Com uma atuação que não respeita fronteiras, as "internacionais criminosas", popularmente designadas por "máfias", movimentam capitais cada vez mais vultosos, chegando a tornar a economia de alguns países dependente da atividade criminosa. Destaca-se, nesse sentido, o tráfico de drogas ilícitas: há casos em que chegam a influenciar o Produto Interno Bruto (PIB) de países – alguns dos quais passam mesmo a depender da produção e da comercialização dessas substâncias ilegais.

É possível, de saída, citar alguns casos, como os de Marrocos e Nepal (neste último, a maconha é cultivada em 18 dos seus 75 distritos. Em outros 21, a *cannabis* cresce espontaneamente e é utilizada na elaboração do haxixe). Temos ainda os "narcoestados" – não raro, trata-se de "narcoditaduras", caso da Nigéria ao tempo do general ditador Sani Abacha, que faleceu em decorrência de *overdose* de heroína. O Peru, da dupla

---

regente da Cosa Nostra siciliana, o "chefe dos chefes", Salvatore "Totò" Riina, apelidado de "*u curtu*" (o curto), por sua baixa estatura.

2 Sem erro, pode-se concluir que a criminalidade organizada, antes mesmo da ideia do Tratado de Maastricht, em 1992, que deu vida à União Europeia, já operava sem fronteiras, em mercado globalizado. Sobre as "novas fronteiras da criminalidade internacional", é significativo o título da obra da jornalista Claire Sterling, correspondente de diversos jornais norte-americanos na Itália: *Un mondo di ladri* [Um mundo de ladrões]. Ver Sterling, *Un mondo di ladri: le nuove frontiere della criminalità internazionale*.

MÁFIA, PODER E ANTIMÁFIA

Alberto Fujimori (presidente) e Vladimiro Montesinos (a eminência parda: ex-agente da CIA, controlava a agência de informações peruana), também foi transformado à época em uma narcoditadura.

Outro exemplo importante de narcoditadura foi o Panamá, quando tinha à frente o presidente Manuel Antonio Noriega Moreno, militar sabujo do governo norte-americano. Noriega quebrou a relação de confiança e a colaboração com a CIA ao associar-se ao megacartel de Medellín, comandado por Pablo Emilio Escobar Gaviria. O Panamá de Noriega se tornou local de lavagem de dinheiro do cartel, de passagem de cocaína e reabastecimento dos aviões do "Expresso da Cocaína", alcunha dada à frota de Escobar: os aviões eram carregados na chamada "Tranquilândia", cidadela na Colômbia onde funcionavam os laboratórios de refino de Pablo Escobar. Evidentemente, a polícia colombiana nunca aparecia na Tranquilândia e, pior, fingia nada saber a respeito. Grande parte da cocaína ali refinada tinha como destino o mercado consumidor estadunidense (5 mil quilos semanais, com 100% de pureza). Não se deve olvidar a popularidade conquistada por Escobar, que se gabava de empregar 3 milhões de pessoas, entre empregos diretos e indiretos, na sua "indústria" da cocaína. Isso em uma Colômbia carente de postos de trabalho.[3]

Nesse cenário, era patente a fragilidade da contenção à lavagem do dinheiro oriundo das práticas ilegais. Inúmeras

---

3 Cañón, *El Patrón: vida y muerte de Pablo Escobar*, p.15.

publicações chamavam a atenção para o fenômeno das internacionais criminosas e a gigantesca movimentação de "dinheiro sujo". Frente a isso, a célebre Convenção de Viena contra o tráfico ilícito de drogas (junho de 1988) criminalizou a circulação do dinheiro sujo proveniente do narcotráfico pelo sistema bancário internacional.

Isso apanhou de surpresa a Society for Worldwide Interbank Financial Telecommunication, conhecida mundialmente pelo acrônimo Swift. Fundada em 1973 pelas 250 maiores instituições financeiras do mundo, com sede na Bélgica, a sociedade nasceu para dar agilidade às transações financeiras. Nem se imaginou, até para não atrapalhar a rapidez desejada nas compensações interbancárias, a imposição de um dever de vigilância a respeito da origem do capital em movimentação. Em outras palavras, até um modesto funcionário de agência bancária sabia que a Swift não fora concebida para detectar movimentações suspeitas em transações telemáticas.

A potente rede Swift, uma "teia de aranha", como faz lembrar o painel de pontos de luzes intermitentes existente na entrada do seu imponente edifício-sede de Bruxelas, era, portanto, um moderno e veloz veículo capitalista de compensações e remessas de dinheiro de qualquer origem. Antes de seu advento, um comerciante levava cerca de um mês para, em outro país e num negócio internacional, conseguir a compensação e o dinheiro na sua conta-corrente.

O alerta da Convenção de Viena preocupou a ponto de, logo depois da sua conclusão, as instituições bancárias se unirem

MÁFIA, PODER E ANTIMÁFIA

para celebrar o importante Pacto da Basileia. A Convenção é de junho de 1988, e o Pacto aconteceu em dezembro do mesmo ano.

No Pacto da Basileia fixou-se a regra do "conheça o seu cliente" na celebração de um contrato de conta-corrente. A regra se tornou *marketing* por bom tempo. Também foi pactuado que os bancos "deveriam cooperar com as autoridades encarregadas da aplicação das leis". E, também, empregar atenção necessária para impedir a utilização do sistema bancário na lavagem de fundos de origem criminosa – até então, esse não era um dever previsto nas leis. Na primeira lei brasileira sobre o branqueamento de capitais, constou, seguindo as legislações modernas, o dever de vigilância bancária. No popular: "*pecunia olet*" (o dinheiro tem cheiro) e "quem cabritos vende e cabras não tem, de algum lado lhe vêm".

Em síntese, o Pacto da Basileia tem a natureza de compromisso ético. A força da ética levou à subscrição por parte de diversas instituições locais – na Áustria, na Espanha, na França, na Inglaterra, na Itália, em Luxemburgo e Suíça, por exemplo.

Após Basileia, em julho de 1989, com o objetivo de tornar eficaz a Convenção de Viena de 1988, o Grupo dos Sete (G7), que reúne os sete países mais industrializados do mundo, organizou a Cimeira de Arche, em Paris. Ali nasce o Grupo de Ação Financeira (Gafi ou FATF). O Gafi é originariamente um grupo de trabalho, e não deve ser tecnicamente tido como uma organização internacional. Suas metas consistem em ações direcionadas a prevenir o uso do sistema bancário e o emprego das instituições financeiras na lavagem e posterior reciclagem de capitais em atividades formalmente lícitas. É sabido que as internacionais criminosas, depois de lavado o dinheiro de origem ilegal, empregam-no em atividades formalmente lícitas: a potente Máfia italiana da Calábria, a 'Ndrangheta, reciclou capital em uma cadeia legal de restaurantes na Alemanha (rede de nome comercial Da Bruno); o brasileiro Primeiro Comando da Capital (PCC), quando ainda não era um pré-máfia, lavava dinheiro em lojas de revenda de automóveis e em postos de abastecimento de veículos automotores.

O Gafi, além de promover verificações nos estados-associados, apresenta, em suas visitas, um questionário de nove a dez páginas a ser respondido pelo estado visitado. Os peritos são especializados em três áreas distintas: jurídica, financeira e investigativa. O grupo também incentiva a cooperação judiciária entre os estados-associados, divulgando quarenta recomendações mínimas e fundamentais para evitar a lavagem de capitais de origem criminosa ou duvidosa – para ingressar no Gafi, o estado interessado tem de aceitar e incorporar internamente essas quarenta recomendações.

Os estados integrantes do Gafi, e o Brasil é um deles, são submetidos a avaliações mútuas.[4] Ou seja, quem está associado precisa passar pela avaliação feita pelos parceiros, e os resultados

---

4 O antigo Conselho de Controle de Atividades Financeiras (Coaf) representa o Brasil junto ao Gafi.

MÁFIA, PODER E ANTIMÁFIA

são discutidos em sessão plenária do órgão. Os países associados podem intervir, e é assegurada a ampla defesa.

Na sessão plenária é aprovada ou não a edição de um relatório final e confidencial sobre o cumprimento das recomendações pelos estados associados. Os estados aprovados sem ressalvas repassam o relatório à imprensa, que se encarrega de difundir a informação (como regra, as recomendações são confidenciais, mas um estado associado bem avaliado pode divulgar a parte do relatório que lhe diz respeito).

O país-associado que deixa de cumprir as recomendações pode ser excluído do grupo. O Gafi chegou a anunciar publicamente a saída do grupo da República das Seychelles, país insular do Oceano Índico, por descumprimento das recomendações.

Já durante o governo de Jair Bolsonaro, houve uma tentativa de troca de nome do Coaf para Unidade de Inteligência Financeira (UIF). A tentativa ocorreu após o filho do presidente ser beneficiado por uma decisão liminar escorchante, da lavra do ministro plantonista Dias Toffoli, do Supremo Tribunal Federal (STF).

A canhestra liminar do ministro Toffoli, presidente do STF em atuação no recesso de julho de 2019, suspendeu, no Brasil inteiro, todas as investigações criminais iniciadas ou posteriormente abastecidas com dados do Coaf, da Receita Federal e do Banco Central. Uma decisão inédita no território brasileiro, e, para usar uma expressão jurídico-latina, *"usque ad sidera et usque ad inferos"* (até os astros e às profundezas).

O filho do presidente da República era investigado pelo Ministério Público do estado do Rio de Janeiro, com apoio nos informes fornecidos pelo Coaf. Parêntese necessário: o Coaf possui o dever legal de informar às autoridades acerca de movimentações suspeitas. Por sua natureza jurídico-constitucional, são informações de inteligência financeira dentro do campo das atribuições do Coaf-UIF. As atribuições do órgão estão elencadas em lei. A relação legal é exaustiva (*numerus clausus*, como dizem os juristas) e não exemplificativa. O Coaf tem, pois, atribuição legal para detectar movimentações suspeitas nas seguintes atividades: bancos (como no caso em questão, de Flávio Bolsonaro),[5] transações imobiliárias, mercados de arte, pedras e metais preciosos, bolsa de mercadoria e futuro, loterias e *factoring*.

Um bom resultado do Gafi e das unidades de inteligência financeira tem sido a demonstração de que a lavagem de dinheiro suspeito ocorre mais *"onshore"*, dentro do país, do que nas zonas *"offshore"*, isto é, nos denominados "paraísos ficais", no exterior. Mas, segundo as unidades internacionais de inteligência financeira, os paraísos fiscais ainda detêm 22% dos investimentos globais.

---

5 O chamado "escândalo das rachadinhas", em fase de investigação pelo Ministério Público do Estado do Rio de Janeiro, teria ocorrido na Assembleia Legislativa daquele estado, no gabinete do então deputado Flávio Bolsonaro, hoje senador da República. "Rachadinha" é o nome dado ao ilegal e coercitivo desconto de parte da remuneração do servidor público em atividade em gabinete parlamentar.

Voltemos à linha do tempo. Em novembro de 1990, o Conselho da Europa repetiu praticamente todas as recomendações feitas pela Convenção de Viena e incentivou apreensões e congelamentos de bens suspeitos.[6] Progredia crescentemente o estímulo à união e à troca de informações entre as unidades de inteligência financeira a respeito do branqueamento de capitais de origem ilícita. Nesse contexto se insere o Grupo de Egmont, que se tornou fundamental no combate à lavagem e à reciclagem financeira. Fundado em 1995, com sede em Toronto, o Egmont Group opera uma rede informal de troca de informações entre as unidades de inteligência financeira de diversos países. O Coaf, por exemplo, integra o grupo.

Com esse incremento, driblar os sistemas de vigilância e controle passou a ser tarefa difícil para a criminalidade organizada e para os corruptos espalhados pelo planeta. A última barreira de resistência está para ruir – vem caindo a insistência na adoção do chamado "patrimônio personalizado". Aquele em que o correntista é uma pessoa jurídica e o nome do beneficiário, pessoa física, fica oculto.

A cooperação internacional vem sendo eficaz, como se viu durante a operação Lava Jato, contando com o auxílio da Suíça na informação do nome da pessoa física responsável pela pessoa jurídica usada como máscara. Esse país, aliás, tem

---

6 Uma das descobertas intrigantes, num arco temporal entre a Convenção de Viena de 1988 e a reunião do Conselho da Europa de 1990, aconteceu em Liechtenstein. Esse pequeno país de menos de 40 mil habitantes contava então com 30 mil empresas, todas fictícias, sediadas em seu território.

colaborado muito. Sua ex-procuradora-geral, Carla Del Ponte, apelidada pela Cosa Nostra de "Carla, la peste", confiscou elevados valores depositados e movimentados pela Máfia siciliana.

A competente atuação de Del Ponte a levou, por mérito, a ser a primeira procuradora do Tribunal Penal Internacional. Quase foi dinamitada quando passava férias, na companhia do juiz Giovanni Falcone e sua esposa Francesca Morvillo, na praia siciliana de Adaura. Em Adaura, numa saliência natural de pedras, a Cosa Nostra siciliana colocou carga pesada de dinamite para ser acionada e explodir quando das caminhadas diárias feitas naquela praia por Falcone e Del Ponte.

Felizmente, não acontecem mais na Suíça as violações, omissões e os conluios descritos na consagrada obra de Jean Ziegler, *A Suíça lava mais branco*. A Suíça mudou e "não lava mais branco", como podem confirmar políticos envolvidos na operação Lava Jato, que teve repercussão internacional e frequentemente é comparada à Mani Pulite (Mãos Limpas), operação que apurou a corrupção na política partidária italiana, com envolvimento empresarial e de políticos de alto coturno, como o ex-primeiro ministro Benedetto "Bettino" Craxi.

Na esteira dessa série de ações robustas contra o crime organizado, a Convenção de Palermo, no final do ano 2000, de fato foi um marco e uma conquista decorrente da indignação internacional e da reação dos cidadãos italianos, em particular os sicilianos. Estes lograram transformar a imagem internacional da Sicília. A chamada "capital da Máfia" transformou-se, também, na "capital antimáfia". Assistiu-se a uma resistência da sociedade civil italiana, que exigiu o restabelecimento da paz social. Nas escolas e universidades, professores e voluntários cuidaram de educar para uma legalidade democrática.

A marca simbólica da resistência está na avenida Emanuele Notarbartolo, em um canteiro defronte ao número 17. É lá que está enraizada a "Árvore Falcone'" (Albero Falcone). Bem na frente do prédio de apartamentos onde moravam Giovanni Falcone e Francesca Morvillo, os magistrados italianos dinamitados pela Máfia siciliana na autoestrada A-29, na altura de Capaci.

A árvore da avenida Notarbartolo uniu milhares de cidadãos palermitanos. Pouco notada antes da tragédia de Capaci, após o incidente ela ganhou fama internacional. É visitada por turistas estrangeiros e representa para os sicilianos a árvore da vida, da resistência contra a Máfia.

No dia da tragédia, cidadãos incrédulos concentraram-se diante do prédio condominial onde residiam Falcone e Francesca e ficaram ao redor da árvore. Acorreram àquele lugar e se aproximaram a partir da informação, em edições extraordinárias de rádios e telejornais, da explosão de origem mafiosa, consumada pouco antes das 18h do dia 23 de maio de 1992. Lágrimas brotaram quando da comunicação oficial do óbito, atestado pelos médicos às 19h05, no hospital Benfratelli de Palermo, após frustradas tentativas de reanimação. Francesca havia morrido no local da explosão.

O sentimento de desolação levou os cidadãos a escrever bilhetes e grudá-los no tronco e nos ramos da árvore. Um dos bilhetes chamou a atenção. Foi deixado por um residente anônimo do bairro de Ballarò, um dos mais antigos e degradados de Palermo:

> Você, árvore que emerge de um pequeno canteiro e prepotentemente se projeta para o alto, alimentada do sangue das vítimas da Máfia e irrigada pelas lágrimas dos familiares e de todos os italianos, leve para o alto as nossas consciências.
>
> Un, de Ballarò[7]

Como coincidência amarga, Emanuele Notarbartolo, que empresta nome à avenida, também havia sido assassinado pela Máfia siciliana. Notarbartolo era banqueiro e político, numa Itália unificada em 1860. Durante anos, ele dirigiu o Banco da Sicília e se opôs aos interesses mafiosos. O atentado ocorreu em fevereiro de 1893, à época de uma Máfia rural que protegia os opositores da reforma agrária. A organização dava proteção à política de manutenção dos latifúndios.

Dois soldados destacados pelo Exército, a portar metralhadoras ostensivamente, passaram a vigiar a Árvore Falcone. Pela força simbólica adquirida, temia-se a sua destruição pela Máfia: havia o risco de envenenamento com herbicida. A vigilância continua até hoje – ou melhor, foi reforçada, pois, em junho de 2010, como a querer mostrar músculos, jovens mafiosos derrubaram as estátuas de Falcone e Borsellino, feitas em gesso pelo premiado escultor palermitano Tommaso Domina.

---

7 Amurri (ed.), *L'Albero Falcone*. Texto impresso na contracapa.

Em razão da Convenção em Palermo, pelas ruas da capital siciliana eram vistas diversas delegações estrangeiras. Dos 189 estados-membros da ONU, 140 estavam representados. Nas esquinas ouviam-se os sons das sirenes das viaturas destinadas ao policiamento ostensivo. Nas pistas de rolamento das vias centrais, circulavam luxuosos e blindados veículos com chefes de Estado ou de governos.

Aos visitantes, Palermo exibia seu esplendoroso centro histórico, um dos maiores da Europa. Um centro de 240 hectares e marcas históricas deixadas por vários invasores.[8]

Na praça Verdi e no seu recém-reformado Teatro Massimo aconteceu a cerimônia de abertura da Convenção, presidida pelo então secretário-geral Kofi Annan. Por tradição, as convenções da ONU ficam conhecidas pelo nome da cidade albergadora. Deve-se a isso o fato de a Convenção das Nações Unidas contra o Crime Organizado Transnacional ser conhecida internacionalmente por Convenção de Palermo.

O grande destaque da mencionada praça Verdi é, sem dúvida, o majestoso Teatro Massimo Vittorio Emanuele, terceiro maior palco de ópera europeu. O teatro foi todo reformado com verbas da ONU para abrigar a Convenção. Em cada degrau de sua escadaria externa foram colocadas centenas de

---

8 Na Antiguidade, tivemos as histórias da Sicília pré-helênica, grega, fenícia, romana e vândala. Na Idade Média, a ostrogoda, bizantina, islâmica, normanda, sueva, angevina, aragonesa. Na Idade Moderna, a Sicília espanhola, sabauda, austríaca, borbônica.

pequenos vasos, cada um deles a exibir a mesma planta de abundantes folhas vermelhas.[9]

O teatro havia ficado fechado durante anos. E o abandono o sujeitara à ação do tempo. Virou alvo de especulação imobiliária – com a Máfia por trás. A degradação de parte do centro histórico de Palermo, desejada pela Máfia, era uma manobra de mercado que visava à redução dos preços dos imóveis. Com isso, as compras seriam realizadas por valores baixos e, depois, projetos urbanísticos e reformas seriam impostos e aprovados por administradores mafiosos ou filomafiosos.

A meta mafiosa, desde sempre, foi transformar o Teatro Massimo em ruínas. Nesse ponto, é relevante frisar que nunca interessa ao crime organizado de *"stampo"* mafioso a difusão da cultura. Quanto mais inculto o cidadão, mais simples é sua manipulação e mais fácil é intimidá-lo.

Poucas horas antes da abertura da Convenção por Kofi Annan, todas as bancas italianas exibiam as manchetes dos jornais do dia. A principal dava conta de a Máfia ter lucrado com a reforma do Teatro Massimo – bancada, como se sabia, com dinheiro da ONU. Tratava-se de informação extraída de investigação sobre ter a Cosa Nostra influenciado nas licitações, apenas admitindo na concorrência pela obra de restauro empreiteiras que obtivessem o *"nihil obstat"* mafioso.

---

9 Plantas semelhantes à mexicana poinsétia (*Euphorbia pulcherrima*), conhecida no Brasil por "bico de papagaio", "manhã de páscoa" e "cardeal".

2

SOMOS SEMPRE OS MAIS FORTES
A CULTURA DO *PIZZO* E O RASTRO DE SANGUE DA MÁFIA

A extorsão é fonte antiga de obtenção de renda por parte da Máfia, embora não seja a principal. A forma mais visível de extorsão mafiosa é o *pizzo*, cujas vítimas são predominantemente os comerciantes e os industriais.

A mídia prefere a grafia *pizzo*, que poderia ser traduzido por renda, mas, no dialeto siciliano e na sonoridade do jargão da Cosa Nostra siciliana, essa palavra se escreve com "u" final: *pizzu: u pizzu*.[1] Consiste no seguinte: o empresário siciliano, do comércio e da indústria, era coagido a pagar à Cosa Nostra uma "taxa" de proteção pelo ramo do negócio explorado. Em contrapartida, a Máfia garantia a proteção do ponto comercial ou da fábrica. A Máfia agia como uma empresa particular prestadora de serviço de segurança: nada de furtos e roubos, nem estabelecimentos danificados, salvo por motivo de força da natureza (força maior).

---

1 Patenò, *Ù baccàgghiu. Dizionario comparativo etimologico del gergo della malavita*, p.129.

Para Giuseppe Carlo Marino, professor de História Contemporânea da Universidade de Palermo, coube ao misterioso e "anarcomafioso" don Vito Cascio Ferro, "o primeiro grande estrategista da Máfia internacional", a descoberta e introdução do *pizzo*.[2] A prática se difundiu rapidamente, tornando-se comum em organizações criminosas do mundo todo. O sistema é adotado à larga em solo brasileiro, por exemplo. No estado do Rio de Janeiro, em áreas controladas pelas milícias (associação criminosa formada por bandidos, policiais expulsos da corporação, policiais do serviço ativo e reformados, membros do Corpo de Bombeiros reformados e policiais exonerados), também existe o *pizzo*, mas com o nome de pedágio. Muda o nome, mas, na prática, no Rio ou na Sicília, o *pizzo* ou o pedágio continuam sendo o preço da extorsão. A organização criminosa paulista conhecida por PCC[3] também exige, nas periferias onde marca presença, em especial na populosa Zona Leste paulistana, a "taxa de proteção".

A aproximação das festas juninas leva o PCC a ofertar numerário para cobrir despesas. A maior parte das festas se realiza em pátios ou na frente de igrejas da periferia. Carta elaborada e subscrita pelo padre da igreja de São Francisco, do bairro de Ermelino Matarazzo, padre Antônio Luís Marchioni, conhecido por "padre Ticão", alertou para essa prática o cardeal arcebispo de São Paulo, dom Odilo Scherer, com a ressalva

---

2 Marino, *I padrini*, p.256.
3 Conferir adiante, neste livro, primeiro tópico do Apêndice.

do desconhecimento da origem do dinheiro pelos párocos, que criavam comissões para a organização e a gestão das festas de Santo António, João e Pedro, todas no mês de junho. De modo análogo, a Máfia siciliana também se intromete e participa das festas religiosas, ofertando dinheiro, conforme conta Alessandra Dino, titular de Sociologia Jurídica da Universidade de Palermo e especialista no estudo do fenômeno mafioso. Nessas ocasiões, a organização criminosa se apresenta socialmente com a falsa face de benemérita.[4]

É importante desmascarar esse viés de organização virtuosa, patrocinadora da segurança e da manutenção de tradições locais com o qual as máfias tentam mascarar suas atividades. É tal o entranhamento dessas facções nas comunidades em que se instalam, especialmente naquelas de que são originárias, que isso se torna muitas vezes desafiador para o poder público. É importante deixar claro que, para se tornar potentes e fortes, as máfias precisam sempre acumular capitais. Esse capital de origem espúria utiliza a ação social como uma de suas ferramentas de lavagem. Façamos um breve e rasante sobrevoo sobre alguns casos bastante ilustrativos da onipresença do *pizzo* e do poder de infiltração da Máfia (inclusive política) e da ausência de escrúpulos de seus métodos.

---

4 Dino, *La mafia devota: Chiesa, religione, Cosa Nostra.*

Meyer Lansky, o rei dos cassinos

Da história da Cosa Nostra sículo-americana, sediada em Nova York, consta ter sido o imigrante polonês Meyer Lansky, quando ainda usava calças curtas no bairro Little Italy, cercado pela gangue juvenil comandada por Salvatore Luccania, um siciliano chegado aos Estados Unidos em 1906 com os pais.

Lansky certa vez brincava com um taco de beisebol quando foi cercado e avisado por Salvatore para pagar, semanalmente, US$ 0,05. Era a "taxa de proteção", ou seja, o *pizzo*. Resposta de Lansky: "*Vaffanculo*".[5] De imediato, Salvatore esticou o braço direito e espalmou a mão. Um sinal para brecar a iniciativa dos membros juvenis de seu bando, todos dispostos a ministrar corretivo em Lansky. Avisou profeticamente: "Este será um dos nossos". Para Lansky, um imigrante da Polônia que viveu o *pogrom* sofrido pelos judeus e chegou à América em 1911, havia sido este o seu "*Bar Mitzvah* criminal".

Salvatore Luccania cresceu e se transformou, no mundo do crime, no potente Lucky Luciano, *capo dei capi* da Cosa Nostra sículo-americana enraizada em Nova York. Por seu turno, o judeu-polonês Lansky assumiu o posto de "ministro das finanças" da organização do chefão Luciano. Recebeu o apelido de "dedos engordurados". O apelido tinha sua razão de ser: diariamente, e sem lavar as mãos depois, Lansky ficava a contar o arrecadado

---

5 Cohen, *Ebrei di Mafia. La malavita a New York: anni 1920-30*, p.73. "*Vaffanculo*" é termo chulo usado popularmente na Itália para xingamentos.

Meyer Lansky, 1958.

em papel-moeda com as explorações do lenocínio, da jogatina clandestina e ilegal e com vendas de bebidas alcoólicas durante a chamada Lei Seca (1920 a 1933).

Ao tempo da Lei Seca, Lansky dedicou-se a comprar rum cubano para abastecer ilegalmente o mercado norte-americano. Em Cuba, corrompeu o ditador Fulgêncio Batista com dinheiro de seus rentáveis cassinos, espalhados pelos principais pontos turísticos da ilha caribenha. Com a revolução castrista, Lansky, temeroso, nunca mais colocou os pés em Cuba.

Lansky adquiriu fama internacional. No filme intitulado *O rei dos cassinos*, recordista de bilheterias, conta-se a vida de um fictício proprietário de cassinos. Nem era preciso dizer quem era. Os espectadores chegavam às sessões sabendo ser Mayer Lansky o personagem.

Gabava-se de nunca ter ficado mais de uma hora detido em departamento ou repartição policial. Jamais foi preso em flagrante delito. Morreu com idade avançada, lúcido e sem deixar herdeiro para recolher a enorme fortuna acumulada.

O sangue como garantia do pizzo

Nos anos 1990, a partir de Palermo, vários empresários sicilianos uniram-se para resistir e não mais pagar o *pizzo*.

O primeiro empresário a se colocar na linha de frente contra o *racket* mafioso foi Libero Grassi, que inclusive compareceu a programas de televisão para denunciar as extorsões. Publicamente, recusou escolta ofertada pelo governo siciliano. Acabou assassinado aos 67 anos, em 29 de agosto de 1991, quando se deslocava a pé para o trabalho. Foi atingido por quatro disparos de revólver. O executor do crime foi o *killer* mafioso Salvatore Madonia, vulgo Salvino. Seu cúmplice e denunciante foi Marco Favarolo, que guiou o automóvel e deu fuga a Salvino. A esposa de Grassi, Pina Maisano Grassi, continuou a luta do marido contra o *racket* e se elegeu senadora, cumprindo mandato até 1994.

Antes de punir os opositores ao *pizzo*, a Máfia dava-lhes aviso prévio. Telefonava, como fez a Libero Grassi, fato que o levou a publicar uma carta de resistência no *Giornale di Sicilia*, em sua edição de janeiro de 1991. Avisou que sempre diria não à extorsão.

Além de ameaças verbais, os mafiosos danificavam ou destruíam lojas e fábricas dos resistentes: por tradição, são incêndios consumados durante o repouso noturno. Parece incrível, mas o *pizzo* ainda não foi erradicado da Sicília ocidental.

A Máfia siciliana, para forçar o pagamento do *pizzo* e a fim de abortar resistências, usava e difundia a primeira e vetusta regra do seu secular e ambíguo código de ética. Essa regra ficou muito conhecida e destinava-se a espalhar o medo entre a população. Diz a regra: "Somos sempre os mais fortes". À primeira regra veio uma complementar, que também se espalhou na tradição oral: "Quem tem dinheiro e amizades pode mandar a Justiça tomar no cu".

Para mostrar força, manter a hierarquia e a disciplina no interior da organização criminosa e, ainda, a fim de difundir externamente o medo, a Cosa Nostra espalha mensagens escritas a respeito das próximas vítimas: "mortes anunciadas". Era comum, como relatou Falcone à jornalista Marcelle Padovani, receber miniaturas de caixões fúnebres envoltos em bilhetes ameaçadores.

Na Sicília ocidental (a Máfia tem pouca penetração na Sicília oriental), os cidadãos assistiram, por anos a fio, a inúmeras dessas "mortes anunciadas". Muitos servidores do Estado foram executados, massacrados por não se intimidarem. Mortos porque mantinham o compromisso de cumprir o dever de combater o crime organizado mafioso. Esses heróis incomodaram a Máfia e, por isso, foram vítimas da *vendetta*.

Quando a morte não era anunciada, a *lupara* (fuzil usado na caça de lobos) acabava deixada ao lado do cadáver da vítima executada. A *lupara* indicava, e todo siciliano sabia disso, tratar-se de crime executado pela Máfia.

Pouco mais de dez anos antes da execução de Grassi, no dia 6 de janeiro de 1980, Piersanti Matarella, governador eleito da Sicília (presidente da região Sicília), fora atingido por projéteis mortais quando, já dentro do seu automóvel Fiat 132, deixava sua residência. Católico praticante, dirigia-se com a família à missa de celebração da Epifania.[6] Sua esposa, no assento ao

---

6 A Epifania é muito comemorada em toda a Itália. No mesmo 6 de janeiro, há também a festa da Befana. A bruxa Befana, pela lenda, sai com a vassoura voadora para deixar presentes às crianças. Diferentemente do Papai Noel, que foi vestido com as cores da Coca-Cola e durante anos atuou como "garoto propaganda" dessa marca de refrigerantes, a Befana nunca teve patrocínio

lado, saiu levemente ferida. Piersanti (irmão do atual presidente da república italiana, Sérgio Mattarella), político de prestígio nacional, discípulo do jurista e estadista Aldo Moro, julgado e assassinado por membros das Brigadas Vermelhas (Brigate Rosse – BR), havia dispensado a escolta por não achar justo os agentes públicos ficarem longe das suas famílias em importante data do calendário religioso católico.

Em seu governo, marcado por uma administração moralizante, Piersanti, político honrado, não permitia vida fácil à Cosa Nostra. Contrariou os interesses mafiosos em todos os setores, incluída a rentável construção civil. Em seu partido (Democracia Cristã – DC), o governador havia integrado a ala liderada por Aldo Moro, que se opunha à ala comandada por Giulio Andreotti, na pretensão de expulsar da sigla os mafiosos Vito Ciancimino, prefeito de Palermo, e Salvo Lima, eurodeputado, ambos representantes dos interesses pessoais e políticos de Giulio Andreotti, à época primeiro-ministro.

Até o momento não foi identificado o matador que, a mando da Máfia, disparou em Piersanti. No início da investigação, e por uma informação da irmã do próprio governador, suspeitou-se de ato terrorista de matriz neofascista cometido pelos Núcleos Armados Revolucionários (Nuclei Armati Rivoluzionari – NAR). A irmã revelou os traços do suspeito do

---

nem cores. Deve, apenas, guardar parentesco, pela popularidade, com a feiticeira Strega, que dá nome e é mostrada no rótulo do famoso e apreciado licor elaborado na cidade de Benevento.

assassinato e, pelo retrato falado, chegou-se a Giuseppe Fiora-vanti, um expoente do NAR. No entanto, ele acabou absolvido pela absoluta falta de provas. Em depoimento ao juiz-instrutor Giovanni Falcone, o irmão de Fioravanti apontou-o como exe-cutor material do crime. Em juízo, porém, perante o tribunal de primeiro grau, o irmão do réu-acusado retratou-se. Tinha feito jogo de cena, pois o terrorismo de esquerda, ou terrorismo vermelho (as Brigadas Vermelhas), havia matado Aldo Moro e, naquele momento, convinha atribuir-se ao terrorismo neofas-cista (*terrorismo nero*) o assassinato de Piersanti.

Após o assassinato de Aldo Moro pelas Brigadas Vermelhas, em 9 de maio de 1978, dois políticos sicilianos de peso ligados a ele foram executados pela Cosa Nostra em pouco tempo: antes de Piersanti Matarella, já havia sido assassinado Michele Reina, em 9 de março de 1979. Em ambos os casos, as investigações fo-ram conduzidas pelo magistrado Giovanni Falcone, que atuava como juiz de instrução. A cúpula de governo mafioso, quando da determinação da morte de Matarella, era comandada por Stefano Bontate, ligado umbilicalmente à ala de Giulio An-dreotti no Democracia Cristã. Como decidiu a Corte de Apela-ção, o senador vitalício Giulio Andreotti, até o final da primavera de 1980, atuava em concurso externo com a Máfia siciliana.

À época dessas grandes tragédias, conviver com a vingan-ça mafiosa era parte do cotidiano siciliano. Bastava alguém se opor ao interesse da Cosa Nostra para sofrer as consequên-cias da resistência. Servia para confirmar a máxima "*siamo i più forti*" (somos os mais fortes).

A Máfia não poupou nem os religiosos. Incomodava-se com os padres que, nas homilias, criticavam, sem reservas e dando nomes, a organização criminosa e seus membros. Eram clérigos corajosos a revelar aos fiéis a incompatibilidade absoluta entre os valores do Evangelho e aqueles defendidos pela Máfia. Tais religiosos pediam aos fiéis para resistir e denunciar a ação mafiosa às autoridades, de modo a quebrar a *omertà*, a lei do silêncio imposta pela força do medo.

Diversos pronunciamentos de clérigos e teólogos, incluídos aí aqueles da lavra do destemido e honrado cardeal de Palermo, Salvatore Pappalardo, foram disponibilizados nas igrejas, centros comunitários e bibliotecas, depois do assassinato de dom Giuseppe Puglisi.[7] Até o papa João Paulo II, em visita *ad limina* feita em 1981 a Palermo, falou do empenho da Igreja contra a Máfia, conforme foi publicado nos "Documenti di vita ecclesiale della Conferenza episcopale siciliana" (Cesi, n.1,1982).

O hoje beato Giuseppe Puglisi (ou dom Pino Puglisi, como ficou conhecido pelos paroquianos e em toda a Sicília) nasceu em Palermo em setembro de 1937. No dia do seu 56º aniversário, em 1993, dom Puglisi foi assassinado no portão de sua casa de Palermo.[8] Puglisi foi atacado pelas costas e o

---

7 Cavadi (org.), *Il vangelo e la lupara: materiali su Chiesa e Mafia*, v.1. Storia, teologia, pastorale.

8 Num seminário organizado pelo Instituto Brasileiro Giovanni Falcone de Ciências Criminais, em auditório da Pontifícia Universidade Católica de Campinas, com coordenação do professor José Francisco Bernardes Veiga e Silva, o padre siciliano Cosimo Scordado contou que somente a Máfia tinha

primeiro disparo penetrou sua nuca.[9] Seu executor foi o mafioso Salvatore Grigolli, que se tornou colaborador de Justiça e confessou ter cometido em sua carreira criminal um total de 46 homicídios. Na companhia de Grigolli estava, como partícipe do crime de homicídio qualificado pela surpresa, Gaspare Spatuzza, o maior matador da história da Máfia.

Spatuzza era soldado da potente *famiglia* mafiosa de Brancaccio, comandada pelos irmãos Graviano e ligada umbilicalmente aos mafiosos corleoneses, sujeitos às ordens de Totò Riina. Spatuzza também confessou o crime. Enquanto esteve custodiado em prisão especial para mafiosos e terroristas (artigo 41, bis, do Código Penitenciário italiano), Spatuzza fez cursos a distância de teologia e logrou, com as maiores notas avaliatórias, aprovação em doutorado. Segundo ele, foi consequência dos seus estudos teológicos ter se conscientizado de que não se poderia servir a dois senhores, ou seja, a Deus e à Máfia. Optou pelo primeiro e fez confissões fundamentais.

Note-se que o trabalho pastoral e social de dom Puglisi era bem conhecido por Spatuzza. Na prisão, o assassino refletiu muito sobre o beato e isso também acabou influenciando suas confissões judiciais e colaborações com a Justiça italiana.[10]

---

interesse em matar dom Puglisi, considerado pelos fiéis um homem santo e que, pelo fervor de suas tocantes homilias e sua coerência de vida, lotava a igreja nas missas que celebrava.

9 Cavadi (org.), op. cit., v.2, Testemonianze, tracce di preghiera.

10 A respeito da confissão realizada por Spatuzza perante o Tribunal de Florença, o jornal *Il Fatto Quotidiano* deu como manchete de capa: "Spatuzza,

Gaspare Spatuzza, 1997.

Por trás do sangue, o dinheiro. Todas as máfias têm como ideologia única o lucro financeiro e atuam na cooptação ou na corrupção pontual de políticos. Isso confirma o alerta dado pelo capo mafioso norte-americano Arnold Rothstein, morto em novembro de 1928, atingido por disparos no estômago: "O dinheiro é o dinheiro, todo o resto são besteiras".[11] Para Giovanni Falcone, que bem conhecia a meta primeira da Cosa

---

convertido graças a dom Puglisi" (ver Dino, *Conversando com Gaspare Spatuzza: um relato de vida, uma história de chacinas*, p.XXII, nota 17).
11 Cohen, op. cit., p.69.

Nostra, deve-se sempre, na repressão criminal, atacar a economia por ela movimentada. Entre os políticos da esquerda italiana, que se opunham à tradicional política das ações repressivas espetaculares, incluindo às vezes o uso do Exército, dizia-se: "*il mafioso lo si indebolisce non metendolo in galera, ma impoverendolo*" (não se enfraquece o mafioso pondo-o na prisão, mas empobrecendo-o). No popular: atacar o bolso, a carteira, o caixa, o cofre, os negócios. Em audiência, certa vez, o mafioso Gaspare Mutulo, sobre o qual falaremos mais adiante, revelou que um mafioso prefere ficar preso com dinheiro a estar em liberdade sem dinheiro.

Na busca do lucro, a Máfia siciliana tornou-se uma organização parasitária, a grudar e a sugar o Estado nacional, as regiões e os municípios. Dados recentes da Procuradoria Nacional Antimáfia mostram a presença da Cosa Nostra siciliana e da 'Ndrangheta calabresa na região setentrional italiana, um sinal de que vêm esticando os tentáculos, ou seja, não há mais uma fixação apenas na região sul, no Mezzogiorno italiano. Por esse caráter parasitário, os chefões mafiosos, como regra, reagem violentamente quando topam com homens públicos incorruptíveis, dispostos a impedir suas ações predatórias.

Nesse sentido, Piersanti certamente não foi o único a incomodar a Máfia. Outro dos políticos incômodos à Cosa Nostra siciliana foi Pio La Torre. Deputado, ex-sindicalista e membro do Partido Comunista Italiano (eurocomunista), La Torre morreu baleado em 30 de abril de 1982, por ordem do órgão de governo da Máfia, a chamada Comissione. La Torre teve, no sentir

Notícia do assassinato de Pio La Torre, 1982.

mafioso, a ousadia de apresentar projeto de lei que, posteriormente acoplado ao de Virginio Rognoni (então já ministro do
Interior, ou seja, responsável pela segurança pública), resultou
no artigo 416, bis, do Código Penal italiano: Lei Rognoni-La
Torre (lei n.646, de 13 de setembro de 1982). Para os mafiosos,
isso geraria penas mais elevadas e até prisão perpétua.

Como base teórica no projeto de lei sobre criação de um
tipo especial para as máfias, o deputado La Torre apoiou-se na
obra do sociólogo Pino Arlacchi (já segundo homem da ONU,
jurado de morte pela Máfia, professor de Sociologia Aplicada
e ex-senador italiano), intitulada *La Mafia imprenditrice: l'etica
mafiosa e lo spirito del capitalismo* [A máfia empreendedora: a
ética mafiosa e o espírito do capitalismo]. O artigo bisado da
lei criou um novo tipo penal denominado "Associação para de-
linquir de tipo mafioso". A partir da entrada em vigor dessa lei,
estabeleceu-se uma salutar distinção entre as associações mafiosas e as outras, consideradas comuns (artigo 416 cabeça),
constituídas por quadrilhas ou bandos.

Ao cuidar da gênese do artigo 416-bis, o jurista e magistrado Giuliano Turone, já membro da Procuradoria Nacional
Antimáfia, ressaltou apresentar "o preceito penal contido no
art.416-bis c.p. uma característica de absoluta originalidade,
enquanto parte de um conceito metajurídico (o conceito de Máfia) para fazer dele uma categoria jurídica (a categoria de associação de tipo mafioso)".[12] O artigo em questão alcança, além da

---

12 Turone, *Il delitto di associazione mafiosa*, p.3.

Cosa Nostra, a 'Ndrangheta (Calábria), a Camorra (Nápoles) e a Sacra Corona Unita (Puglia). A última novidade foi o enquadramento da Máfia Capital, organização criminosa operante junto à prefeitura de Roma e que usufruiu de verbas públicas para os programas de apoio a imigrantes.[13]

Numa escalada de violência depois do assassinato de Pio La Torre, a Cosa Nostra eliminou, em 3 de setembro do mesmo ano, o respeitado general Carlo Alberto dalla Chiesa. Para muitos, o assassinato do general Dalla Chiesa não foi caso típico de "*vendetta* mafiosa". Teria sido um pedido de políticos vinculados à Cosa Nostra, ou melhor, terá decorrido da velha ligação entre política e Máfia.

A respeito dessa antiga correlação, lembremos que, décadas antes, o episódio conhecido por Massacre de Portella della Ginestra, que teve à frente o mafioso Salvatore Giuliano, já decorrera do emprego do crime organizado pela política: o crime consumou-se no dia 1º de maio de 1947, com onze trabalhadores mortos e centenas de feridos, todos eles a participar da festa do Dia do Trabalho.

Gian Carlo Caselli, competente, notável e corajoso ex-procurador siciliano antimáfia que voluntariamente assumiu o cargo imediatamente depois da morte de Giovanni Falcone, quando o Estado nacional não sabia como agir, destacou:

---

13 Abate; Lillo, *I re di Roma: destra e sinistra agli ordini di Mafia Capitale.*

Nenhum bando de *gangster* durou mais de 20 ou 25 anos. A Máfia existe há mais de 150 anos. Como se explica? De um lado, com o controle do território, primeiro fator diferenciador da criminalidade comum. Da outra parte (diria sobretudo), as relações externas. Vale dizer, o vínculo de relações, de negócios e de interesses com peças da política, das instituições, da administração pública, da economia. Ressalto serem peças destorcidas que se desviaram.[14]

Por saber demais sobre o terrorismo e a resistência ao denominado "Compromisso histórico", Dalla Chiesa teria sido destacado para assumir posto importante na Sicília. Isso com a intenção de que fosse morto e a conta pelo assassinato ficasse só nas costas da Cosa Nostra. Em outras palavras, teria sido, como se diz até hoje, uma "encomenda" feita por dirigentes políticos à Cosa Nostra.

O episódio da morte do general Dalla Chiesa é ainda algo nebuloso na histórica política peninsular. O general, que havia se destacado nos "Anos de Chumbo" (final dos anos 1960 ao início dos 1980), conseguiu desmantelar tanto o terrorismo de esquerda radical, que tinha como organização mais forte as Brigadas Vermelhas, quanto o *terrorismo nero*, operado pela direita neofascista, cuja organização mais potente eram os Núcleos Armados Revolucionários.

Por sua atuação na repressão ao terror, Dalla Chiesa detinha informações privilegiadas e conhecia muitos segredos.[15] E aí

---

14 Caselli, *Un magistrato fuori legge*, p.59.

15 Dentre os segredos apontados – e sem deixar de registrar o misterioso assassinato do jornalista Mino Pecorelli, profissional polêmico e com trânsito entre membros graúdos dos serviços secretos italianos –, convém recordar

MÁFIA, PODER E ANTIMÁFIA

entram os indicativos de haver o general se tornado um oficial incômodo para alguns dirigentes do então rachado partido da Democracia Cristã (grupo de Giulio Andreotti e Francesco Cossiga. Esse grupo tinha como oposição a ala liderada por Aldo Moro).

As relações entre o partido da Demoracia Cristã e a Máfia na Sicília eram notórias e antigas. A Máfia mandava votar na Democracia Cristã (DC), e o mafioso e eurodeputado siciliano

---

os relativos ao sequestro seguido de morte, pelas Brigadas Vermelhas, do jurista, estadista, presidente da DC (eleito em março de 1959) e ex-premier Aldo Moro. As desconfianças persistem ainda hoje. Começaram a partir do colóquio, em 16 de abril de 1978, no palácio Quirinale (sede da Presidência da República), entre o presidente Giovanni Leone e o primeiro-ministro Giulio Andreotti (descontente com a postura reformista de Moro à frente da DC, também partido de Andreotti). Internamente, Moro havia, no âmbito da DC, migrado para o centro e aberto diálogo com Enrico Berlinguer, presidente do Partido Comunista Italiano, um eurocomunista que se opunha ao tipo de comunismo operado pelos soviéticos: ambos, Moro e Berlinguer, temiam pelo fim da democracia italiana, com um golpe de Estado apoiado pelos Estados Unidos. Golpe, como já frisado, que guardaria certa semelhança com o havido no Chile do presidente Salvador Allende, que morreu em setembro de 1973 para não entregar o poder ao general golpista Augusto Pinochet, apoiado pela CIA. Do encontro daquele domingo, 16 de abril, no majestoso palácio Quirinale, que já fora residência de papas, saiu a decisão oficial de não se negociar com as Brigadas Vermelhas a libertação de Moro. O sequestro de Moro, crime de natureza permanente (consumação permanente enquanto a vítima permanece sem liberdade), tivera início na manhã de 16 de março de 1978. O primeiro protesto contra essa decisão desumana de não negociar a liberação partiu da esposa de Moro (Flamigni, *La tela del ragno: il delitto Moro*, p.26-7). Posteriormente, para marcar sua indignação e coerência, a senhora Moro recusou-se a participar dos funerais de Estado conferidos ao marido por decreto.

Salvo Lima era o representante de Andreotti na ilha. Salvo Lima atuava em conjunto com o seu primo Ignazio, um exator fiscal, também assassinado pela Máfia de Riina. Em tempo: no Brasil existem organizações criminosas com controle de território e social e, assim, tanto quanto no episódio italiano, eventualmente obrigam os cidadãos a votar em determinados candidatos.

Dalla Chiesa foi designado para enfrentar, como representante do Ministério do Interior e no cargo de *preffetto* (não confundir com prefeito municipal, que em italiano é o *sindaco*), a questão da segurança pública, em especial em face da Máfia. Não contou com recursos materiais e humanos para levar a cabo a sua tarefa.

O general se dirigia a um restaurante para jantar, na companhia da segunda esposa, quando seu veículo foi cercado por

Assassinato do General Carlo Alberto Dalla Chiesa, 1982.

MÁFIA, PODER E ANTIMÁFIA

matadores, que usavam dois automóveis e uma motocicleta. Na posse de fuzis e de uma metralhadora Kalashnikov, os matadores dispararam trinta vezes, bem no momento em que o automóvel do general alcançou o ângulo escuro formado pela praça Nasce com a avenida Carini. Com o general, morreu a jovem esposa, Emanuela Serri Carraro. Emanuela dirigia o automóvel. O agente da escolta, Domenico Russo, foi igualmente lesionado. Não morreu na hora como o casal, mas dez dias depois, no hospital.

No dia seguinte ao assassinato, num muro da avenida Carini, próximo ao local do fuzilamento, foi escrito: "Aqui morreu a esperança dos italianos honestos".[16]

No começo da carreira militar, Dalla Chiesa havia sido comandante do destacamento policial-militar (carabineiro) da cidade siciliana de Corleone, ou seja, não era um neófito no tema Máfia siciliana. Quando da morte do senador vitalício Giulio Andreotti, em 6 de maio de 2013, foi dura a manifestação, com grande destaque na imprensa italiana, de Fernando (Nando) Dalla Chiesa, sociólogo, escritor, professor respeitado da Università degli Studi di Milano e filho do general morto. A respeito de Giulio Andreotti, o professor Nando Dalla Chiesa concluiu: "É o mandante moral da morte do meu pai".[17]

---

16 Pellegrini; Condolu, *Noi, gli uomini di Falcone: la guerra che ci impedirono di vincere*, p.109.

17 Bem antes da morte de Andreotti, que não foi ao funeral do general Dalla Chiesa, o professor Nando havia escrito duas importantes obras a respeito do assassinato do pai: *Delitto imperfetto: il generale, la Mafia e la società italiana*

O senador vitalício Andreotti, 32 vezes ministro, sendo, por sete vezes, primeiro-ministro (chefe de governo), faleceria aos 94 anos de idade, com odor de Máfia. Por suas ligações com a Cosa Nostra, Andreotti fora condenado definitivamente em face de concurso externo à Máfia. Sua relação com a organização criminosa, segundo sentença definitiva, durou até o final da estação da primavera de 1980.

A condenação chegou em sede de apelação do Ministério Público. Essa condenação pela Corte de Apelação recebeu confirmação pela suprema Corte de Cassação da Itália, última instância judicial. Mas, por ter Andreotti mais de 70 anos, houve redução do prazo prescricional e declaração de extinção da punibilidade, isto ainda na Corte de Apelação.

A cassação confirmou, em recurso, a prescrição, depois de concluir pelo concurso externo de Andreotti com a Máfia até o final da primavera de 1980.[18]

Cerca de um ano antes de Totò Riina assumir o controle absoluto da Cosa Nostra, o senador vitalício (cuja nomeação é feita pelo presidente da República) Andreotti rompeu o vínculo concursal com a Máfia. Entretanto, para a Corte de Apelação, havia prova convincente de dois encontros de Giulio

---

(1984) e *L'omicidio Dalla Chiesa* (1992, com Alfredo Gelasso e Michele Gambino). Dele também é a obra sobre o assassinato do jovem e íntegro juiz Rosario Livatino, em 21 de setembro de 1990, na siciliana Agrigento: *Il giudice ragazzino: storia di Rosario Livatino assassinato dalla Mafia sotto il regime della corruzione* (1992).

18 Caselli, op. cit., p.9; p.63-4.

Salvatore "Totò" Riina.

Andreotti, (frise-se novamente, sete vezes primeiro-ministro e senador vitalício) com Stefano Bontate, então chefe dos chefes da Máfia siciliana.

Cosa Nostra sob ataque: oportunidade para 'Ndrangheta, Camorra e Sacra Corona Unita

Depois desse passeio pela trajetória da Cosa Nostra, é importante lembrar que o cerco imposto a essa organização, principalmente a partir de 1982, abriu espaço para a expansão da 'Ndrangheta, hoje a mais poderosa organização criminosa transnacional do planeta: para lavar dinheiro da sua principal atividade, tráfico nacional e internacional de drogas ilícitas, a organização chegou a operar na Bolsa de Valores de Frankfurt.

O juiz italiano Nicola Gratteri e o historiador e jornalista Antonio Nicasso, os dois maiores especialistas do fenômeno representado pela 'Ndrangheta, ressaltam em livros e entrevistas ser a máfia calabresa a organização criminosa mais rica e potente do mundo, com um faturamento anual de dezenas de bilhões de euros, em grande parte proveniente do tráfico internacional de cocaína. A história dessa organização mafiosa tem raízes profundas na Calábria de 1800 e em suas difíceis, e por vezes dramáticas, relações com o novo Estado italiano.[19]

A forte repressão à Cosa Nostra siciliana, com os seus principais chefes presos e condenados, abriu, de fato, caminho para a 'Ndrangheta crescer. A Cosa Nostra teve de submergir. As perguntas de Attilio Bolzoni, jornalista do *La Repubblica* que escreve sobre máfias desde os anos 1970, não calam:

---

19 Gratteri; Nicaso, *Storia segreta della 'Ndrangheta: una lunga e oscura vicenda di sangue e potere (1860-2018)*.

"*Dov'è? Dove si è nascosta? Dove la dobbiamo trovare?*" (Onde está? Onde se escondeu? Onde a devemos procurar?). A seguir, Bolzoni lembra a fala da fotógrafa Letizia Battaglia, premiadíssima e internacionalmente conhecida pelas exposições fotográficas sobre cenas mafiosas:"*Io non so più come fotografala perché non la vedo*" (Eu não sei mais como fotografá-la porque não a vejo).[20]

Também aproveitando o vazio deixado, a partir de Nápoles, a organização delinquencial de nome Camorra tornou-se potência econômica. Controla grande parte do porto de Nápoles e especializou-se na contrafação de marcas, como relata o jornalista Roberto Saviano em sua premiada obra *Gomorra*.[21]

A festejada diretora de cinema Lina Wertmüller mostrou, no filme *Camorra*, lançado em janeiro de 1986, como essa organização traficava drogas e tornava as crianças napolitanas dependentes químicas. A Camorra deixou o tráfico internacional, mas continua com o local.

Diferentemente da Cosa Nostra, que tem formação vertical e hierarquizada, na Camorra, os grupos se unem ou se enfrentam em guerra para aumento de seu território. A Camorra, que nasceu na região da Campânia e se desenvolveu no meio urbano de Nápoles quando do reino dos Bourbons (1700), sempre foi horizontalizada, ou seja, não dispõe de vértice diretivo.

---

20 Bolzoni, *La Mafia dopo le stragi: cosa è oggi e come è cambiata dal 1992*, p.9.

21 Saviano, *Gomorra: viaggio nell'impero economico e nel sogno di dominio della Camorra*.

É formada por mais de cem clãs, que litigam entre si, mas, no interesse comum, unem-se com facilidade e rapidez.

Outra organização mafiosa enquadrável na tipificação do artigo 416, bis, da lei penal italiana, e que ganha corpo enquanto a Cosa Nostra está acuada, é a Sacra Corona Unita. Essa organização delinquencial se fortaleceu especialmente após uma fusão com o bando chamado Famiglia Libre Salentina (região do Salento, na Puglia). Uma vez consolidada, a Sacra Corona estabeleceu rede com as organizações criminosas da Albânia e Montenegro. Sempre explorou a mão de obra semiescrava e o *caporalato*, forma ilegal de recrutamento e exploração de mão de obra via intermediários, à semelhança do processo brasileiro de contratação precária e inescrupulosa dos chamados trabalhadores "boias-frias" – no caso brasileiro, os fazendeiros estabeleciam acordos com esses intermediários, furtando-se da responsabilidade sobre as condições de trabalho e remuneração dos trabalhadores do campo.

3
Cadáveres de excelência e *omertà*

O grego Plutarco, morto no ano 127, foi filósofo, escritor e biógrafo. Como biógrafo, produziu a obra *Vidas paralelas*, biografias cotejadas entre os mais célebres personagens greco-romanos. Na última etapa de sua vida, depois da obra *Moralia*, escrita com incursões nos campos da moral e da ética, Plutarco foi sacerdote do templo de Delfos: seu busto está exposto no museu arqueológico da cidade. Com o tempo e pelo seu padrão ético, pessoas com excelsas qualidades são chamadas de "varões de Plutarco". Pois bem, mafiosos e políticos não são varões de Plutarco. Muitas de suas vítimas, no entanto, poderiam ser chamadas assim.

Giovanni Falcone exercia a função de magistrado do Ministério Público quando dinamitado pela Máfia.[1] Usava veículo

---

1 É importante registrar ser a Magistratura italiana um caso particular. Melhor explicando: ela engloba, reunindo-os em uma só instituição, os magistrados em função judicante e os magistrados do Ministério Público. Os magistrados italianos ficam sujeitos correcionalmente a um conselho superior, presidido pelo presidente da República. Na Itália, existe a figura da remoção por incompatibilidade ambiental, que se dá quando o magistrado já não reúne

oficial, blindado e, como todos os magistrados da antimáfia, contava com escolta treinada e bem armada.

No último dia de vida de Falcone, o veículo blindado que usava transitava pela autoestrada de ligação do aeroporto internacional Punta Raisi a Palermo, à altura da cidade de Capaci

---

condições de se manter em certo posto. Um dos maiores conhecedores do fenômeno mafioso siciliano, Antonio Ingroia, foi juiz íntegro, brilhante e corajoso e era ele o braço direito do magistrado-mártir Paolo Borsellino. Ingroia foi candidato e, se o seu partido tivesse maioria, seria primeiro-ministro. Seu partido não venceu as eleições e Ingroia retornou à Magistratura, mas foi transferido para longe da Sicília, no norte da Itália, por incompatibilidade ambiental. Não satisfeito, deixou voluntariamente a carreira de juiz e a Magistratura italiana perdeu um grande e independente magistrado. No Brasil, a remoção compulsória pode se dar, como sanção administrativa, no interesse público. Os magistrados do Ministério Público atuam, no processo, como acusadores: é a parte acusadora. Ambos, judicantes ou requerentes, estão constitucionalmente protegidos por garantias (garantias, e não privilégios, pois estabelecidas no interesse da sociedade). As garantias são as mesmas conferidas aos juízes brasileiros pela Constituição de 1988. O magistrado italiano, como o brasileiro, goza de independência e está obrigado a fundamentar suas decisões. Por ser a Magistratura italiana única, um magistrado pode postular a mudança de função. Mas, caso se transfira da função judicante para a acusadora, logicamente terá de mudar de sede e estará, por óbvio, impedido de atuar em processos em que funcionou anteriormente.

A rigor, a Constituição do Estado unitário italiano de 1948 fala em poderes Executivo e Legislativo. A doutrina da tripartição fundamental desenvolvida por Montesquieu (poderes Executivo, Legislativo e Judiciário) foi posta de lado no país. Não existe poder judiciário. Temos a Magistratura e não o poder judiciário. Assim, e como já decidiu a Corte Constitucional italiana, admite-se que um magistrado concorra às eleições políticas (deputado ou senador, por exemplo) e às eleições administrativas (prefeito e o equivalente a vereador). Se for eleito, fica licenciado da Magistratura pelo prazo do mandato. Caso não seja reeleito, é reintegrado à Magistratura.

(hoje o aeroporto leva os nomes dos magistrados Giovanni Falcone e Paolo Borsellino). Os mafiosos executores do plano mortal, sob comando de Giovanni Brusca (coube a ele, a distância e do alto de uma colina próxima, apertar o mecanismo detonador da carga composta de dinamite pura), aproveitaram um duto de escoamento de água pluvial, que cortava subterraneamente a estrada, para entupi-lo de carga explosiva.[2]

Na colina de Capaci e à espera da passagem do comboio com Falcone, os mafiosos fumaram cigarros e deixaram no chão os seus restos. Encontrados, apreendidos e periciados, serviram, no processo, como prova de identificação, pois continham o DNA dos sicários fumantes.

Giovanni Brusca era *capomafia*, ou seja, ocupava posto elevado na cadeia de poder mafiosa, de San Giuseppe di Jato, cidade próxima de Palermo e conhecida pelos mafiosos de ponta lá nascidos, como Bernardo Brusca, pai de Giovanni, e Antonino Salamone.

Falcone definiu Salamone como sendo uma efígie, por seu semblante frio não externar nenhuma emoção. Além de efígie,

---

2 Na explosão, junto com Falcone e a esposa faleceram os três policiais da escolta: Paolo Capuzza, Gaspare Cervello e Angelo Corbo. Só se salvou Giuseppe Costanza, que saiu ileso pela posição que ocupava no interior do veículo. Costanza, durante anos, fora motorista de Falcone. Estava no veículo blindado, um Fiat Croma de cor branca. Por gostar de dirigir, Falcone, no dia fatídico, estava ao volante e a esposa no banco ao lado. Costanza ocupava o banco traseiro. O veículo blindado da escolta, também Fiat Croma, mas de cor azul, acomodava os três agentes de escolta. A Máfia usou 500 kg de dinamite no atentado (Tescaroli; Giordano, *Falcone: inchiesta per una strage*, p.3).

Local do atentado que vitimou Giovanni Falcone em 1992.

era *furbacchione* (malandrão).³ Já membro do órgão de governo da Cosa Nostra, o mafioso fugiu para os Estados Unidos e depois para o Brasil. Nos Estados Unidos, ele lavou dinheiro de drogas ilícitas por meio de uma rede de pizzarias. Nas pizzarias não se preparavam pizzas. Ali apenas eram emitidas notas fiscais de consumo inexistente, e os locais serviam como pontos para venda de heroína. Essa forma de burla, até então desconhecida das autoridades, foi descoberta pelo Federal Bureau of Investigation (FBI), em colaboração com o magistrado italiano Giovanni Falcone. O *modus operandi* dos mafiosos, inclusive de Salamone, inspirou o filme *Pizza Connection*, dirigido por Damiano Damiani em 1985. Ao tempo da Pizza Connection,

---

3 Essas duas definições de Salamone estão no livro de entrevistas de Falcone à jornalista Marcelle Padovani, correspondente na Itália da revista francesa *Nouvelle Observateur*. Falcone; Padovani, *Cose di Cosa Nostra*, p.28-9.

MÁFIA, PODER E ANTIMÁFIA

a rede da Cosa Nostra chegou a dominar 30% do mercado norte-americano da heroína. As rotas: Palermo-Nova York e Palermo-Roma-Nova York.

Ao Brasil, o *boss* Salamone chegou em 18 de março de 1983, a bordo de luxuoso transatlântico. Ele se ligou ao bicheiro Castor de Andrade, que lhe arrumou um emprego de fachada no Cotonifício Bangu, de sua propriedade. Com falso emprego, mudou-se para São Paulo e deixou no Rio o mafioso Giuseppe Caruana, chamado de Beppe, também definitivamente condenado na Itália e ex-*capo* da *famiglia* mafiosa de Siculiana, na Sicília.

Beppe Caruana morava em Copacabana. Era ao mesmo tempo tio e sogro de um dos maiores traficantes mundiais de cocaína dos anos 1980-1990, Alfonso Caruana.

O italiano Alfonso Caruana, nascido em 1º de janeiro de 1946, vivia no eixo Canadá-Venezuela. Era comum ele visitar no Rio o tio-sogro Beppe Caruana (Alfonso era casado com a prima, filha de Beppe) hospedando-se em apartamento na rua Barata Ribeiro. Em operação realizada pelas polícias brasileira e italiana, o apartamento da rua Barata Ribeiro foi inspecionado com autorização judicial. Na mesa da sala, o café da xícara ainda estava quente. Alfonso tinha conseguido escapar.

No Canadá (Montreal e Quebec), Alfonso Caruana era proprietário de várias e gigantescas torres de apartamentos. Quando preso naquele país, a pedido da Justiça italiana, o órgão que ali corresponde à nossa Receita Federal encontrou, na declaração de renda de Alfonso, a informação de que trabalhava como empregado em uma empresa de lavagem semiautomática de automóveis, ganhando salário mínimo.

Coube ao magistrado siciliano antimáfia Roberto Scarpinato ir ao Canadá para interrogar Alfonso. O governo do Canadá, como não contava com presídio especial para custodiar extraditandos, desapropriou para isso um clube esportivo. Foi nesse clube que Roberto Scapinato se apresentou para interrogar Alfonso, que exerceu o direito de se manter em silêncio. Ou melhor, não disse nada sobre o que interessava, mas apresentou, declarando-se inocente, muitas reclamações ao invocar a cidadania italiana.

No Brasil, vivia-se então a ditadura militar. Por ato de Armando Falcão, ministro da Justiça e famoso por responder a jornalistas com a frase pronta "nada a declarar", o espertalhão (*furbacchione*, para usar a expressão de Falcone) mafioso Antonino Salamone conseguiu naturalizar-se brasileiro. Naturalizou-se contra a Constituição e as leis brasileiras, já que se proíbe a concessão de cidadania brasileira a criminosos definitivamente condenados e foragidos da Justiça. O mafioso obteve a cidadania brasileira como se nunca tivesse tido condenações definitivas na Itália, inclusive por delitos graves, dada a sua condição de *capomafia* de San Giuseppe Jato. Também era membro da cúpula de governo da Máfia (*Comissione*). Traficante internacional de drogas ilícitas, era alvo de mandado internacional de prisão por ser foragido da Justiça italiana.

Só em um período de fragilidade das instituições democráticas, certamente, um mafioso de alto coturno, traficante internacional de drogas como Salamone, poderia conseguir uma naturalização. No Brasil, Salamone lavava dinheiro na construção civil e no comércio de pedras semipreciosas.

Uma de suas últimas proezas foi obter, num voto de desempate da lavra do ministro Marco Aurélio Mello, o indeferimento da extradição solicitada pela Itália. Para o ministro Marco Aurélio, diferentemente do interpretado na Itália e sobre o código penal peninsular, os crimes cometidos na Itália estavam todos prescritos: pelas leis da Itália, a prescrição nunca foi reconhecida, daí o pedido de extradição. Durante o processo, Salamone chegou a costurar com autoridades italianas vindas ao Brasil a sua colaboração com a Justiça para quando chegasse à Itália. O processo naufragou, e ele faleceu em 1998, livre, leve e solto, em São Paulo.

Como não poderia deixar de acontecer, Salamone é citado não só no considerado livro-testamento de Giovanni Falcone.[4] Ele foi mencionado e acusado formalmente no importante maxiprocesso de Palermo.

Cadaveri eccellenti

A Sicília sempre foi conhecida como terra de grandes nomes da literatura italiana. Dentre tantos, Verga, Pirandello, Lampedusa. Um desses escritores notáveis, Leonardo Sciascia,

---

4 Ibid.

debruçou-se no tema da Máfia. Jornalista e editorialista, Sciascia desnudou o fenômeno mafioso.[5] Foi ele quem cunhou a expressão *"cadaveri eccellenti"* – seguramente, Emanuele Notarbartolo foi, na história da Máfia siciliana, o primeiro cadáver de excelência.

A expressão criada por Sciascia decorria de a Máfia sempre necessitar, para infundir pavor na população, de cadáveres anônimos e, principalmente, de cadáveres de pessoas de projeção social: *"cadaveri eccellenti"*.[6]

Giovanni Falcone é um exemplo extraordinário do conceito de cadáver de excelência. Mas há outros. Vamos ao caso de Paolo Borsellino.

Desde 23 de maio de 1992, data do crime em Capaci, o magistrado Paolo Borsellino, amigo íntimo e sucessor natural de Falcone, sabia que também seria eliminado em breve. Certa vez, disse possuir informação de que a Máfia já estaria na posse da carga de dinamite a utilizar contra ele. Um jornalista indagou se ele não tinha medo. A resposta ficou famosa: "Quem tem medo morre todos os dias. Quem não tem, morre uma vez só".[7]

---

5 Sobre sua importante colaboração no esclarecimento do fenômeno, temos a sua entrevista à jornalista Marcelle Padovani. Ver Sciascia; Padovani, *La Sicilia come metafora*.

6 A expressão seria título de um filme de grande sucesso dirigido por Francesco Rosi, com estreia em 1976. A produção é baseada no livro *Il contesto* [O contexto], de Leonardo Sciascia.

7 Ayala, *Chi ha paura muore ogni giorno: i miei anni con Falcone e Borsellino*.

Borsellino não recuou. Sabia que iria morrer. E de fato foi dinamitado ao acionar o interfone externo de comunicação com o apartamento onde morava sua mãe idosa e doente, na via Mariano D'Amelio, em Palermo.

Um veículo roubado, carregado de dinamite, havia sido deixado estacionado próximo ao referido prédio e a carga explosiva foi acionada a distância. Com Borsellino, faleceram cinco agentes da escolta: Emanuela Loi (primeira mulher em escolta antimáfia), Agostino Catalano, Vincenzo Li Muli, Walter Eddie Cosina e Claudio Traina. Entre os executores, estavam o mafioso Gaspare Spatuzza e o chefe da sua *famiglia* mafiosa, Giuseppe Graviano. O mandante era Totò Riina.

O magistrado, antes de descer e caminhar até a porta de entrada do condomínio predial onde a mãe estava na companhia da irmã, deixara sua maleta de trabalho no assoalho do automóvel blindado. No interior dela, a sua "Agenda Rossa".

Nessa agenda, Borsellino escrevia nomes de suspeitos, fazia observações sobre a morte de Falcone e sobre como estava sendo preparado o seu próprio assassinato. A Agenda Rossa, presente da Arma dos Carabineiros, foi, depois da explosão, furtada do interior de sua pasta. A pasta não foi levada, apenas a agenda. Como se concluiu, no plano idealizado pelos assassinos estava previsto, também, o furto da agenda de capa de couro vermelho. Ela nunca foi recuperada.[8]

---

8 Lo Bianco; Rizza, *L'Agenda Rossa di Paolo Borsellino: la morte del magistrato ucciso dalla Mafia cosa conteneva.*

Paolo Borsellino.

Cadáveres de excelência no Brasil

No Brasil, o crime organizado também tem seus cadáveres de excelência. Na maioria das vezes, as organizações criminosas escolhem os que mais incomodam o desenvolvimento de suas atividades ilegais. Ou aqueles que, pelas mídias, cobram medidas governamentais, caso dos ativistas sociais e dos jornalistas. Não raro são alvos das escolhas os membros das polícias judiciárias, do Ministério Público e da magistratura judicante por, respectivamente, promoverem investigações criminais, processos judiciais ou sentenças condenatórias.

O crime organizado mina as corporações policiais, infiltra-se, faz cooptação e usa farda oficial, com ou sem patente, para matar. Quando isso ocorre, a corporação militar oculta os matadores nos próprios quartéis, como aconteceu com Patrícia Acioli, a primeira magistrada brasileira assassinada, em agosto de 2011. Apesar das dificuldades do caso, seus matadores foram identificados, processados e condenados, com recursos judiciais pendentes.

A juíza Acioli, então com 47 anos, era da 4ª Vara Criminal de São Gonçalo, município de pouco mais de um milhão de habitantes distante cerca de 22 km da capital do Rio de Janeiro. Foi morta pelas milícias fardadas. O chefe dos milicianos dessa região, pelas apurações e processos, era o oficial comandante do Batalhão da Polícia Militar de São Gonçalo.

Um grupo de onze policiais militares mataram a tiros Acioli quando ela retornava do trabalho, na entrada da sua casa. O torpe motivo foi o fato de ela estar, nos processos, atuando contra os policiais-milicianos, um verdadeiro "esquadrão da morte" naquela região do estado do Rio de Janeiro. Portanto, os matadores eram réus em processos em curso presididos pela juíza. Eles queriam tirá-la dos processos e criar, após a espetacular emboscada e a consumação do crime, um ambiente propício para chegar à impunidade. Imaginavam a investidura de um juiz substituto amedrontado e sem coragem de condenar.

Outro cadáver de excelência foi o juiz do estado de São Paulo José Antonio Machado Dias, de 48 anos, eliminado pela pré-máfia PCC. A ordem para sua execução veio do interior do presídio do município de Presidente Bernardes, que abrigava os líderes da organização. O magistrado era responsável pela Vara das Execuções Criminais e Corregedoria de Presídios, cuja sede era na cidade paulista de Presidente Prudente. Machado Dias, como era conhecido, foi metralhado ao deixar o Fórum em seu automóvel.

Caso célebre, também, foi o do jornalista Tim Lopes, do jornal *O Globo*. Ele foi sequestrado em 2 de junho de 2002 por membros da organização criminosa conhecida por Comando Vermelho.[9] Especializado em jornalismo investigativo, Tim

---

9 O Comando Vermelho nasceu no presídio fluminense da Ilha Grande, em 1979. Esse presídio custodiava presos políticos e presos comuns. Conta-se que os presos políticos se organizavam para protestar contra os abusos e violências de agentes da administração penitenciária. O mesmo fizeram os presos comuns, que, posteriormente, mantiveram e expandiram a organização, que se tornou, por controlar comunidades (favelas), uma pré-máfia. No Rio de Janeiro, o CV tem como principal organização rival o Amigo dos Amigos (ADA). Além dessas facções, temos outras organizações criminosas que recebem o nome genérico de "milícias". No Brasil, temos esse tipo de organização criminosa, "milícias", em 23 estados-federados.

Como regra, as milícias são formadas por policiais do serviço ativo e da reserva. Abrigam, ainda, policiais expulsos das corporações militares e das polícias civis. Membros ativos ou reformados do militar e estadual Corpo de Bombeiros também integram essas organizações. Essas organizações surgiram para retomar os territórios na posse da criminalidade organizada e dar segurança aos moradores, como se estivessem tomando controle de uma reservada e fundamental obrigação do Estado. Com o tempo, elas voltaram às práticas comuns ao crime organizado, com imposição de ordens da "lei do silêncio". A mais potente das milícias está na Zona Oeste da cidade do Rio de Janeiro. Atua no bairro de Jacarepaguá, que no censo de 2010 contava com quase 160 mil habitantes. O quartel-general fica no município de Rio das Pedras, com mais de 63 mil habitantes, segundo dados do Instituto Brasileiro de Geografia e Estatísticas (IBGE). Essa milícia da Zona Oeste, conforme informes do Ministério Público, promove grilagem de terras (invasões de terras),

Lopes, nascido Arcanjo Antonio Lopes do Nascimento, denunciava, pelo jornal e pela TV Globo, o Comando Vermelho (CV) e seus chefões. Foi morto e seu corpo foi colocado no buraco formado por diversos pneus empilhados e incendiados. Apenas foi descoberto que se tratava de Tim Lopes pela ossada encontrada e pelo exame de DNA.

Em 14 de março de 2018, o crime organizado voltou a atuar e tivemos mais um cadáver de excelência. A vítima foi uma política brasileira, vereadora no Rio de Janeiro, de muito respeito e prestígio social. A vereadora e socióloga Marielle Francisco da Silva, conhecida por Marielle Franco, foi executada no interior

---

edificações sem autorização legal, locações e vendas de imóveis, extorsão de moradores e comerciantes (como o *pizzo*), agiotagem, receptação de carga roubada, venda de proteção, comercialização de armas de fogo etc. Para se ter ideia, em área controlada pela milícia, na Zona Oeste, no local conhecido por Muzema, dois prédios de moradores desabaram, em abril de 2019, causando mais de duas dezenas de mortes. As construções eram irregulares, como notificou a prefeitura em 2016, mas nada foi feito para desativar e demolir os vários pavimentos de cada um dos prédios. As construções estavam localizadas em terrenos de alto risco de desmoronamento. O chefe da milícia de Muzema é o major da Polícia Militar Ronald Paulo Alves Pinheiro. Esse major era o *"longa manus"* de Adriano Magalhães da Nóbrega, chefão da milícia da Zona Oeste, ex-capitão da Polícia Militar do Rio de Janeiro, morto em 9 de fevereiro de 2020 em confronto com a polícia, no estado da Bahia. Adriano foi expulso da corporação por dar proteção a um dos maiores exploradores de jogos ilegais de azar do Rio de Janeiro, Waldomiro Paes Garcia, vulgo Maninho, que foi fuzilado em 2004 em guerra de criminosos pelo controle de pontos de exploração ilegal de máquinas eletrônicas de jogos de azar. O miliciano Adriano será novamente citado neste livro pela sua proximidade com o senador Flávio Bolsonaro, filho do presidente da República, Jair Bolsonaro.

do automóvel que a levava para casa. Com ela morreu o motorista Anderson Pedro Mathias Gomes.

Marielle atuava na área dos direitos humanos e combatia a violência nas favelas. Ela dava voz aos cidadãos que vivem nas comunidades dominadas pelo tráfico e pelas milícias e sob o império da lei do silêncio. A morte da vereadora interessava para ser usada como troféu pela criminalidade organizada, a fim de gerar um clima de temor.

A acusação pelo covarde assassinato de Marielle recaiu no policial militar reformado Ronnie Lessa e no ex-policial militar, expulso da corporação, Élcio Queiroz. No curso das investigações, descobriu-se no Rio de Janeiro o chamado "Escritório do Crime", que disponibilizava "matadores de aluguel". O explorador comercial do "Escritório do Crime" era Adriano Magalhães da Nóbrega, de 43 anos.

Convém repisar. Adriano, quando capitão da Polícia Militar do Rio de Janeiro, começou a "vender proteção" a contraventores dedicados à exploração ilegal de jogos de azar e ao Carnaval do Rio de Janeiro. Pela proteção aos contraventores e uma suspeita de autoria de crime de homicídio, Adriano foi expulso da Polícia Militar do estado. Processado criminalmente, teve prisão cautelar decretada e se transformou em foragido.

No curso das investigações, apareceram indícios de ligações entre Adriano e Ronnie Lessa, acusado de haver matado a vereadora Marielle Franco. Esse quadro dantesco de violências ganhou novas cores com a morte a tiros do ex-capitão Adriano Magalhães da Nóbrega, em 9 de fevereiro de 2020.

O ingrediente explosivo é o fato de o ex-capitão ter tido aproximação com o senador Flávio Bolsonaro, já deputado no estado do Rio de Janeiro, e recebido elogio de Jair Bolsonaro, da tribuna da Câmara Federal, à época em que era deputado.

Adriano foi duas vezes condecorado pela Assembleia Legislativa do Estado do Rio de Janeiro por proposta do deputado estadual Flávio Bolsonaro. Não pôde comparecer à cerimônia solene, pois estava preso. Recebeu, no entanto, a condecoração no interior do presídio e das mãos de referido deputado.

A esposa e a mãe do ex-capitão recebiam estipêndio público na condição de assessoras do gabinete de Flávio Bolsonaro. Isso sem precisar trabalhar e sem aparecer na Assembleia Legislativa.

As investigações seguem em curso. Como até as pedras dos rios sabem, o ex-capitão Adriano era ligadíssimo ao ex-policial Fabrício Queiroz, uma espécie de "faz-tudo" de Flávio e Jair Bolsonaro. A propósito, e por falar da *omertà*, que veremos a seguir, Fabrício Queiroz não é arquivo queimado. É um arquivo vivo, que finge ser arquivo morto ao silenciar.

Quando o ex-capitão Adriano foi acusado de tentativa de crime de homicídio, recebeu elogios de Jair Bolsonaro, então deputado federal. Adriano acabou absolvido, com um detalhe: a vítima da tentativa de homicídio, que reconheceu e acusou o ex-capitão Adriano, foi morta depois da absolvição.

Omertà

A *omertà*, que no Brasil recebe o nome de "lei do silêncio", impera nos territórios controlados pelo PCC, CV, ADA e milícias. O já poderoso Terceiro Comando-TC, formado em 1994 por antigos membros do CV, extinguiu-se em 2002. Na realidade, seus membros migraram para outras facções mais potentes.

Sciascia foi mais longe na definição da *omertà*, que é o silêncio (não denunciar, não testemunhar, fingir nada saber) imposto à população pela Máfia siciliana e obtido pela difusão do medo. A *omertà*, concluiu Sciascia, é a "solidariedade pelo medo".

No romance intitulado *Il giorno della civetta* [O dia da coruja], Sciascia mostrou a *omertà* por um personagem em especial, o vendedor ambulante do doce siciliano à base de grão-de-bico chamado *panella*. O *panellaro* assiste a um crime, mas assume o comportamento *omertoso*. Quando o inquisidor, já sem paciência, fala do assassinato, o vendedor pergunta, com falso ar de surpresa: "Mataram alguém?".

A *omertà* sempre estará presente quando a criminalidade de matriz mafiosa obtém, no vácuo deixado pelo Estado, o controle territorial e o social. Nas comunidades dominadas, a lei do Estado cede à "lei" do crime organizado. Junto, vem o medo. Em termos médicos, a "síndrome depressiva", que, na espécie, pode ser traduzida por medo.

O mês de fevereiro de 2020 revelou um triste episódio a misturar *vendetta* (vingança) e *omertà* (silêncio), duas armas mafiosas. Vito Schifani estava no automóvel Fiat Croma de cor azul que foi pelos ares com a explosão executada pela Cosa Nostra siciliana, naquele trágico 23 de maio de 1992. Com Schifani estavam dois outros carabineiros designados para escoltar o juiz Falcone. Os três ocupantes do veículo Fiat Croma, que virou sucata, faleceram no local do atentado. Schifani, de 27 anos, deixou a jovem esposa Rosaria Costa e um filho de quatro meses.

Na igreja de San Domenico, que abriga o Panteão dos heróis sicilianos, ficaram expostas as urnas mortuárias com os espólios dos magistrados Falcone e de Francesca. Também os caixões dos jovens carabineiros Vito Schifani, natural de Palermo, Rocco di Cillo, nascido em Bari, e Antonio Montinari, natural de Lecce.

Com o filho de quatro meses no colo, a viúva Rosaria rompeu o silêncio e deu, na Máfia e nos mafiosos, um duro e desmoralizante golpe, a ecoar, pela força das palavras, por Palermo e toda a Itália: "Homens da Máfia que estiveram também aqui, vos concedo perdão, mas ajoelhem-se". A Cosa Nostra siciliana não digeriu a desesperada manifestação da corajosa Rosaria Costa, que teve de se mudar para Gênova. A vingança foi preparada pela Cosa Nostra. No dia 19 de fevereiro de 2020, passados quase 28 anos da fala contundente da igreja de San Domenico, veio a público o segundo desespero de Rosaria.

O irmão de Rosaria, Giuseppe Costa, foi, com outros cinco homens, preso por associação mafiosa. A Cosa Nostra conseguiu, depois da tragédia do 23 de maio de 1992 e da fala de Rosária no velório, cooptar seu irmão. Deram-lhe um posto importante, de cuidar do dinheiro ilegal da *famiglia* mafiosa que Giuseppe passou a integrar.

Em seu primeiro desabafo, Rosaria disse: "Caim, traidor, maldito, debochado". No dia seguinte, diante de câmeras, microfones e jornalistas, Rosaria, a plenos pulmões, avisa o irmão: "Deve contar tudo o que sabe aos magistrados. Deve colaborar, deve obstaculizar os planos que a Máfia executa para se reorganizar. É a única maneira para você se salvar".

À tarde, Rosaria entrou em desespero. Giuseppe, o irmão, silenciou durante o interrogatório judicial. Os outros cinco mafiosos igualmente silenciaram perante os magistrados. Era, mais uma vez, a força da *omertà*.

No Brasil e em territórios controlados pela criminalidade organizada, existe o que se chama "lei do silêncio" e se dá também, como afirmou o saudoso Sciascia, pela solidariedade decorrente do medo, da "paúra", para usar um termo italiano muito conhecido no Brasil.

Um fato recente sobre as milícias no Rio de Janeiro ajuda no entendimento da ineficiência do Estado que acaba proporcionando à criminalidade organizada os controles territorial e social.

Ainda no Rio de Janeiro, como mostrou no início de dezembro de 2019 a matéria de capa do jornal *O Globo*, as milícias estão exigindo dos moradores das áreas que controlam os valores lançados nas contas oficiais de luz e de água. A empresa Light calcula, em face da energia elétrica desviada e apropriada pelas milícias, o prejuízo anual de 800 milhões de

MÁFIA, PODER E ANTIMÁFIA

reais. A recém-chegada empresa italiana Enel, vencedora de processo de privatização, calcula ser vítima de furto de 63% da energia distribuída a 66 municípios fluminenses. A empresa sente o domínio do crime organizado no Rio, ou seja, o método mafioso siciliano está sendo adotado. E o estado federado do Rio não sabe como combater as milícias. Trocando em miúdos, as milícias fazem os chamados "gatos"; subtraem, furtam, energia elétrica, e fornecem aos moradores, que pagam a elas as suas contas.

As milícias não param por aí. As milícias do Rio, com destaque para a "milícia da Zona Oeste", a mais poderosa, têm outras fontes de arrecadação. Elas controlam elementos essenciais da vida nas comunidades, como a distribuição de botijões de gás de uso doméstico, os sinais de internet, os serviços de transporte, o "pedágio" para a proteção individual e familiar, o mercado imobiliário e os sinais de TV (o popular gatonet). Como lembrado no editorial de *O Globo* de 10 de dezembro de 2019, "a situação é tão bizarra que, no condomínio de Belford Roxo erguido pelas milícias, a ligação da rede de energia elétrica foi feita com cabos roubados da Light".

Os moradores dos territórios dominados pagam sem protestar — sabem, inclusive, que os milicianos andam lado a lado com policiais corruptos. Resistir e não pagar essas contas às milícias significa muito mais do que ficar sem energia ou água. Significa desafiar os milicianos e tornar-se sujeito à pena de morte ou à de despejo, com perda do imóvel de moradia e expulsão do território.

No Rio, as milícias têm um PIB que, proporcionalmente, cresce mais do que a economia do governo do presidente Bolsonaro. Continuam agindo com tranquilidade, sendo muito pouco incomodadas pelo poder público. Note-se que a intervenção federal no Rio de Janeiro, feita ao tempo do presidente Temer, foi mais uma jogada política do que uma tentativa de dar solução definitiva ao problema.

O famoso constitucionalista Santi Romano, nascido na Sicília e morto em 1947, com fama de ter sido o "jurista do fascismo" (ele era jurista da predileção de Mussolini), definiu o crime organizado como um "sistema de poder jurídico paralelo ao do Estado nacional". A partir do fascismo, começou-se a usar essa expressão "poder paralelo". E poder paralelo é aquele que promove, no vazio deixado pelas autoridades de segurança pública, uma secessão dentro do Estado nacional. Ou seja, temos territórios independentes, sob governo da bandidagem.

Sobre isso, talvez a definição mais apropriada tenha sido a do jurista italiano Giuliano Vassali, quando da sua passagem pelo Ministério de Graça e Justiça: "Essas organizações criminosas representam um sistema extrainstitucional de controle social tendente a se sobrepor à autoridade constituída".

4
DE NÁPOLES A PALERMO

No final do século XX, a ousadia da criminalidade organizada transnacional havia alcançado um patamar preocupante e exigia iniciativas por parte das Nações Unidas. O caminho não podia ser outro senão convocar os estados-membros para discutir o enfrentamento dessas organizações e sua atuação em rede planetária.

Um quadro pintado com tintas fortes mostrava países usados como esconderijos seguros por mafiosos condenados nos termos do artigo 416, bis, do Código Penal peninsular. Pedidos de extradição de criminosos perigosos eram sistematicamente negados, pela inexistência, no país requerido, de um tipo penal similar. Via de regra, os indeferimentos das extradições se davam por atipicidade. Tecnicamente, nada se podia criticar, pois a negativa por atipicidade representa uma importante conquista civilizatória. Ou seja, não dá para extraditar uma pessoa por fato que não constitui crime no país para o qual se pediu a extradição e onde está o extraditando.

A secular Cosa Nostra siciliana, sob a regência do sanguinário e megalomaníaco Salvatore Riina, o Totò Riina, havia declarado guerra ao Estado unitário italiano e promovido, no biênio 1992-1993, uma sequência de atentados espetaculares que espantou o mundo. As transmissões das agências internacionais mostravam cenas de homens de Estado dinamitados, corpos carbonizados, bens culturais destruídos e sequestros.

A crueldade crescia, atingindo níveis de brutalidade inimagináveis, como no caso do sequestro do menino Giuseppe di Matteo, com 13 anos à época do rapto. Aos 15 anos, foi estrangulado no cativeiro, e teve o corpo dissolvido em ácido na sequência. Registre-se que Giuseppe di Matteo permaneceu dois anos em cativeiro mafioso, tendo sido em vão todo o trabalho policial. A polícia não recebeu nenhuma denúncia anônima a respeito: eis a *omertà*.

Giuseppe di Matteo havia nascido em San Giuseppe Jato, cidade de chefes mafiosos de destaque. Três deles, Antonino Salamone, Bernardo Brusca e Giovanni Brusca, chegaram à comissão de governo da Cosa Nostra siciliana, conhecida entre mafiosos por Comissione. Numa organização delinquencial verticalizada, a Comissione representava a cúpula de governo.

Di Matteo havia sido sequestrado com o objetivo de que seu pai, Santino di Matteo, um mafioso colaborador de Justiça, retificasse, em juízo, as delações feitas ao *pool* antimáfia. Santino não recuou, para desespero da mãe da criança.

O sequestro e o assassinato brutal do jovem, conforme confissão e sentença definitiva, foram iniciativa de Giovanni Brusca. Aquele mesmo Brusca, filho do *capomafia* Bernardo, que acionou a distância a carga explosiva que mandou aos ares

Giovanni Brusca, 2019.

Falcone, a esposa e os homens da escolta. Lembremos que Giovanni Brusca sucedeu o pai no comando da *famiglia* mafiosa de San Giuseppe Jato. Os dois, Bernardo e Giovanni, tiveram como antecessor o *capomafia* Antonino Salamone, também ex--membro da comissão de governo da Cosa Nostra.

A respeito do currículo criminal de Salamone, consta a condição de membro de ponta da Cosa Nostra, com dedicação ao narcotráfico, à lavagem de dinheiro do crime e à reciclagem do capital lavado em atividades formalmente lícitas: construção civil, em São Paulo, e comércio de pedras brasileiras semipreciosas. No sofisticado bairro paulistano de Higienópolis, com "dinheiro sujo", Salamone construiu um edifício de apartamentos e deu ao prédio o nome de sua mãe.

Salamone, nascido em 12 de fevereiro de 1918, chegou ao Brasil, foragido da Justiça italiana, em 18 de março de 1963. Como vimos no capítulo anterior, naturalizou-se brasileiro durante a ditadura militar, por ato de Armando Falcão, ex-ministro da Justiça, e faleceu em 1998, sem que tivesse sido cassada, por ato administrativo ou judicial, a cidadania brasileira. Considerado por seus pares no crime um *"boss d'oltre Atlantico"*, algo como "chefe d'além-mar", foi um dos homens fortes do governo da Cosa Nostra, integrante da Comissione de 1963 a 1979. Em segundas núpcias, o *"furbicone"* (o espertalhão) casou-se com Girolama Greco, filha do *capomafia* Salvatore Greco, apelidado de Ciaschiteddu – "pequeno pássaro" ou "jarro de vinho", em dialeto local.

Na segunda guerra da Máfia, Totò Riina não colocou Salamone na lista dos que deveriam ser mortos, apesar de ser este um ex-membro da comissão de governo por indicação de Stefano Bontate e Salvatore Inzerillo, que além disso tinha relacionamento próximo com Tommaso Buscetta. Por estar no Brasil, Salamone pôde fingir ignorar a sangrenta guerra da Máfia, com os assassinatos de Bontate e Inzerillo, que resultou na ascensão de Riina. No entanto, Riina enviou-lhe ordem para matar Buscetta. Salamone, "o espertalhão", retornou à Itália e se entregou em uma repartição policial. Aí, recomendou ao

Tommaso Buscetta.

carabineiro para dizer que o havia prendido em diligência (com isso, o policial poderia receber uma promoção). O carabineiro aceitou a sugestão e Salamone, preso, livrou-se da incumbência de matar seu velho amigo Buscetta. Quando entendeu conveniente ficar longe da organização, apresentando como argumento a idade avançada, Salamone postulou e obteve o regime de prisão domiciliar. Foi quando fugiu de novo para o Brasil, voltando a São Paulo. Efetivamente, era um *"furbacchione"*.

Mas voltemos a Giovanni Brusca. O jornalista Saverio Lodato produziu obras importantes e de fôlego sobre o fenômeno mafioso.[1] No livro intitulado *Ho ucciso Giovanni Falcone* [Eu matei Giovanni Falcone], Lodato reproduziu as declarações prestadas em juízo por Brusca.[2] Foram declarações estarrecedoras, apresentadas em audiência pública, perante a Justiça italiana:

---

1 Vale mencionar Lodato, *Venti anni di Mafia: c'era una volta la lotta alla Mafia, con la sentenza Andreotti e la morte di Tommaso Buscetta*, e Lodato, *Trent'anni di Mafia: storia di una guerra infinita*.
2 Lodato, *Ho ucciso Giovanni Falcone: la confessione di Giovanni Brusca*, p.13.

Eu matei Giovanni Falcone. Mas não foi a primeira vez que havia matado alguém. Antes, já havia usado o sistema de explodir bombas. Matei o juiz Rocco Chinnici [Falcone era do *pool* antimáfia que havia sido criado e presidido por Chinnici] e os homens da escolta. Sou o responsável pelo sequestro e morte do pequeno Giuseppe di Matteo, que tinha 13 anos quando o raptei e 15 anos quando foi morto. Consumei e ordenei pessoalmente outros 150 crimes. Ainda hoje não consigo recordar de todos, um por um. Muito mais de cem, seguramente, e menos de duzentos.

Agora, uma ironia do destino. O magistrado Falcone foi o grande incentivador da adoção, na legislação antimáfia da Itália, da figura do colaborador de Justiça. Os advogados de muitos mafiosos, para diminuir a importância das delações, trocavam a expressão "colaborador de Justiça" para "arrependidos" (*pentiti*). E muito se usou, para redução de credibilidade, o fato de a lei ter admitido o pagamento, pelo Estado, de estipêndio ao colaborador. Era uma remuneração necessária, pois precisava-se tirar o mafioso da Sicília e levá-lo para alguma região italiana distante dali. Do sul para o norte. Da região meridional para a setentrional. Havia necessidade, também, de mudança de identidade e sabia-se da dificuldade que teria o colaborador de Justiça para conseguir um posto de trabalho. Fora isso, o colaborador não tinha uma profissão e havia passado a vida à custa da "*malavita*". No processo Andreotti, veio a pergunta, tornada comum. Perguntou-se a Tommaso Buscetta quanto havia recebido de estipêndio do Estado. Voltamos à ironia do destino: Giovanni Brusca, que matou o magistrado batalhador da introdução da lei premial na Itália,

MÁFIA, PODER E ANTIMÁFIA

postulou na Justiça, e com sucesso, após delações, a sua aceitação como colaborador de Justiça. O matador de Falcone virou colaborador da Justiça.

Brusca obteve vantagens em razão do contrato de colaboração celebrado com a Magistratura italiana. Contudo, não deixou o regime prisional fechado.[3] No mês de outubro de 2019, a Corte de Cassação (última instância da Justiça italiana e equivalente ao brasileiro Supremo Tribunal Federal) negou o pedido de prisão domiciliar feito por Brusca, no qual ele arguiu a condição de colaborador de Justiça. Quando dessa decisão de indeferimento de prisão domiciliar, Brusca estava com 62 anos e havia cumprido 23 anos de prisão em regime fechado.

Em outras ocasiões, e sempre em razão de ter colaborado com a Justiça, Brusca conseguiu o benefício de sair do sistema de cárcere duro (artigo 41, bis, do Código Penitenciário – reservado, convém repetir, a mafiosos e terroristas). Ele passou ao sistema prisional fechado comum, em presídio seguro, para condenados não considerados mafiosos nem terroristas. Já faz alguns anos que Brusca encontra-se custodiado no cárcere de Rebibbia, em Roma.

O colaborador Brusca obteve outros benefícios legais, sempre com base no direito premial. Por exemplo, quando se tornou colaborador de Justiça, foram substituídas suas penas de

---

3 A Itália não é como o Brasil, onde o contrato de colaboração celebrado não é balizado pela legislação. No caso da Lava Jato, registre-se, algumas delações levaram a exageradas premiações.

prisão perpétua (na Itália, a prisão perpétua é denominada *ergastolo*) por prisão por tempo determinado: naquele país, admite-se a prisão perpétua apenas para os casos de Máfia e terrorismo. Também lhe foram concedidas algumas permissões de saída temporária do cárcere, tudo com monitoramento, e em passagens de datas especiais.

Diferentemente do Brasil, no sistema italiano, o beneficiário da saída temporária é de fato vigiado. Veda-se a saída da casa da família que o recebeu. É proibido, ainda, comunicar-se por telefone. Não existe o "pombo-correio" usado pelos chefes das organizações criminosas no Brasil (o famigerado Fernandinho Beira-Mar é um exemplo disso) para enviar, de dentro do presídio, mensagens e ordens ao exterior: ordens às suas organizações delinquenciais, que continuam a governar. Na Itália e no Brasil, as saídas temporárias miram a emenda, a ressocialização dos presos. A diferença está na seriedade da vigilância voltada a tornar efetivo o objetivo da lei.

Mafiosos no regime do artigo 41, bis, do Código Penitenciário não têm visitas íntimas. Nas visitas, o colóquio se dá por fone, com vidro de separação. As conversas são gravadas. Certa vez, um mafioso gesticulou, a abrir os braços como asas de avião. O recado era para dinamitar uma aeronave usada para transporte de um magistrado antimáfia.[4]

---

4 Uma curiosidade sobre vigilância eletrônica: com câmeras em cela, a Corte Constitucional italiana entendeu ter o preso, submetido à disciplina do artigo 41, bis, da lei penitenciária, o direito de não ser observado quando no banheiro. Uma garantia constitucional, a tutelar a intimidade quando o preso usa o

MÁFIA, PODER E ANTIMÁFIA

Não existe o "turismo judiciário", apelido dado aos presídios sem sistema de videoconferência. Essa falta leva o preso a deixar o estabelecimento para se deslocar aos fóruns, para as audiências. O transporte é caro, existe risco e o corpo de segurança recebe remuneração extra. No Rio de Janeiro, o conhecido traficante Fernandinho Beira-Mar era deslocado de avião. Próximo ao Fórum, dezenas de policiais fortemente armados vigiavam e estavam prontos a evitar qualquer tentativa de arrebatamento do preso. Até o quarteirão era fechado ao trânsito de pessoas e veículos.

No caso do supracitado pedido da prisão domiciliar de Brusca, a Procuradoria Nacional Antimáfia havia se manifestado no processo favoravelmente à pretensão apresentada. A Corte de Cassação, no entanto, indeferiu o pedido do condenado, feito por seus advogados constituídos (não por advogados dativos). Restou mantida a decisão do Tribunale di Sorveglianza (na Itália, na fase de execução da pena, existe, em segundo grau de jurisdição – segunda instância revisora, um tribunal de vigilância, *sorveglianza*. O Tribunale di Sorveglianza reexamina decisões do juiz de execução penal sobre a conduta do preso). A suprema Corte de Cassação entendeu que Brusca ainda era pessoa com periculosidade, a ponto de não lhe ser recomendada a prisão aberta, na forma domiciliar.

---

banheiro para as necessidades fisiológicas ou banho. É a única restrição. No mais, a vigilância por câmeras é feita 24 horas, onde o preso estiver.

Sobre a decisão de indeferimento proferida pela suprema Corte de Cassação, o jornal *La Repubblica*, na edição de 8 de outubro de 2019, publicou as declarações de Giuseppe Costanza, motorista de Falcone e único sobrevivente na explosão que matou o juiz, a esposa e os três homens da escolta. Para Costanza, o assassino Giovanni Brusca "deveria passar o resto da sua vida encarcerado". Costanza, em razão do que passou e pela sentida perda de Falcone, mostra a distância entre o pensamento de um envolvido emocionalmente e o de um jurista de renome, ao interpretar a lei italiana. Para o pranteado Francesco Carnelutti, um dos maiores processualistas europeus, no processo de conhecimento condenatório se vai do fato criminoso imputado à sentença definitiva. Já no processo de execução se parte do título judicial ao fato do cumprimento da pena. Isso quer dizer que, por incidentes, o título judicial em execução pode sofrer mudanças, sem que se retome o fato passado como intransponível obstáculo.

Essa recente decisão da Corte de Cassação reabre espaço para vetusta discussão sobre a pena de prisão perpétua, mantida na Itália para, como já dito, crimes de Máfia e de terror.

Pequeno histórico das penalidades

Como se sabe e antes da fase de humanização do direito penal inaugurada pelo marquês de Beccaria (que, no registro de nascimento, recebeu o nome de Cesare Bonesana), a pena consistia em castigos físicos. Portanto, a recair no corpo do infrator.

Eram as penas corporais, como os açoites, galés e até o corte da língua a caluniadores. A pena de prisão, isto é, a privação de liberdade, não existia: a prisão era apenas uma medida acautelatória para evitar a fuga.

Naqueles tempos obscurantistas, de um direito criminal apenas punitivo, vingativo, imaginava-se ocorrer a intervenção divina no julgamento. O juiz terreno era apenas um mero constatador do resultado, dado como sendo a vontade de Deus. Esse sistema de prova ficou conhecido como "Ordália" ou "juízo de Deus".[5]

Uma das provas usadas no julgamento era a da barra de ferro incandescente. O acusado, na instrução processual, era obrigado a transportar uma barra de ferro incandescente nas mãos ou nos braços. No final dessa prova, mãos e braços eram enfaixados e não podiam ser removidas as ataduras. Dias depois, dava-se a verificação pelo juiz. Caso as queimaduras gerassem infecções, estas mostravam a intenção condenatória de Deus. Sem infecção, o resultado seria absolutório.

Outra prova conhecida era a precipitação de altos rochedos. Se o réu sobrevivesse, recebia a absolvição. Um absurdo total, até porque o precipitado de alto rochedo nunca sobrevivia.

Esse sistema foi duramente atacado pelo marquês de Beccaria no opúsculo intitulado *Dos delitos e das penas*, de 1764, obra inaugural da fase de humanização do direito penal.

---

5 Sobre o juízo de Deus, escreveu João Bernardino Gonzaga, saudoso professor de Direito Penal da Universidade de São Paulo, em sua obra *A Inquisição em seu mundo*.

No período denominado "juízo de Deus", o acusado, para se livrar do suplício, poderia confessar. Daí, veio a infeliz e equivocada conclusão de a "confissão ser a rainha das provas". Modernamente, e como não existe hierarquia de provas, a confissão pode ser desprezada. Não tem mais valor de prova absoluta.

A própria Igreja anunciou, em documento oficial, que Deus não interferia nos julgamentos processuais criminais.

Para a evolução do direito criminal, contribuiu muito a doutrina cristã da metanoia, a significar que pela compunção, pela penitência, era possível, em caso de pena de prisão, a "mudança da alma".[6] No pensamento cristão, a volta sobre si mesmo (compunção) era capaz de operar mudanças na alma e no coração. A compunção levava à volta para o interior da pessoa, à reflexão e à percepção do erro pelo ato grave cometido no passado.[7]

Depois da humanização do direito penal por Beccaria e o ingresso na quadra do direito penal moderno, inaugurada pelo jus-filósofo alemão Paul Johann Anselm von Feuerbach (1775-1833), tivemos diversas constituições influenciadas pela teoria cristã da metanoia.

---

6 Em obra consagrada, a penitenciarista Armida Bergamini Mioto trata do tema da compunção, analisando a finalidade ética da pena de prisão. Ela transcreve o verbete "Penitenza", da *Enciclopedia Cattolica*: "O Novo Testamento usa a metanoia – que na literatura clássica expressa uma mudança de julgamento sobre um fato passado –, enquanto a outra voz, 'metameleia', designa a mudança da alma, do coração". Ver Mioto, *Curso de Direito Penitenciário*, p.48.

7 Padovani; Moschetti, *Grande antologia filosofica: il pensiero Cristiano*, v.5.

MÁFIA, PODER E ANTIMÁFIA

Nos penitenciários eclesiásticos, pelos pecados ("crime" é termo do universo laico), podia-se chegar, com passagens pelas celas monásticas de recolhimento individual e penitência, a tal mudança e ao consequente perdão. O modelo foi copiado pelo direito laico e levado para as penitenciárias (os mesmos nomes foram repetidos: penitenciárias e celas) e a pena de prisão, privação da liberdade em estabelecimento estatal, passou a ter a finalidade ético-moral de emenda, ressocialização, preparação para a volta ao convívio social. Só faltam, conforme recomendado pela ONU e relativo às regras mínimas para o trato penitenciário, as celas individuais. No Brasil, a lei de execução penal (Lei n.7210, de 11 de julho de 1984) estabeleceu a obrigatoriedade de cela individual, "com área mínima de seis metros quadrados", com "salubridade do ambiente pela concorrência de fatores de aeração, insolação e condicionamento térmico adequado à existência humana". É dispensável anotar que, nesse particular, a lei de 1984, concebida durante a ditadura militar (governo João Figueiredo), pelo ministro da Justiça Ibrahim Abi-Ackel, nunca foi obedecida. Os presídios brasileiros não cumprem as metas constitucional e legal e neles vigora a entropia. Além do fato de muitos estabelecimentos prisionais estarem sob controle de organizações criminosas.

A Constituição brasileira não admite as penas de prisão perpétua ou de morte. Existe um prazo máximo para o cumprimento (por força do pacote-anticrime do governo Bolsonaro, com entrada em vigor em janeiro de 2020, o prazo máximo de encarceramento foi ampliado para 40 anos: antes era de 30 anos). Com isso – e não precisa ser jurista para percebê-lo –, tem o Estado um prazo certo para tentar emendar o condenado imputável (o inimputável é sujeito a medida de segurança social, com prazo indeterminado de término). Há em nossa Constituição a presunção absoluta, *"juris et de jure"* (de direito e por direito), de ser isso possível.

Nos Estados Unidos, existe a pena de prisão perpétua, pela qual se presume a impossibilidade de emenda. No caso James Early Ray, assassino de Martin Luther King, usou-se o instituto da *plea bargaining* (ou *plea negotiation*). Para se livrar da pena capital em face de acusação de crime de homicídio em primeiro grau, Early Ray negociou, assistido por advogado da sua escolha, sua declaração de culpabilidade (*plea of guilty*). Então, recebeu, efetivada a troca da acusação para homicídio em segundo grau, a pena de prisão perpétua.[8]

Volto à Itália. Por ser terrorista e estar condenado à prisão perpétua, o pluriassassino Cesare Battisti, que gozou da proteção vergonhosa do governo brasileiro, tenta, no momento, por meio do devido processo legal, mudar seu título condenatório, em sede de incidente do processo de execução de pena e com a invocação do direito premial, de modo a ser a pena de prisão perpétua (*ergastolo*) trocada por privação de liberdade em tempo determinado. Isso poderia ocorrer, no caso, pela

---

8 Maierovitch, Apontamentos sobre política criminal e a "plea bargaining", *Revista de Informação Legislativa*, a.28, n.112, 1991.

MÁFIA, PODER E ANTIMÁFIA

desassociação ou colaboração com a Justiça: Battisti não tem mais como colaborar com a Justiça, só com a história.

Com efeito, e como frisado logo no início deste capítulo, a força mafiosa era sentida e havia a necessidade de se reagir, com as Nações Unidas à frente. Dessa necessidade, vieram a Conferência de Nápoles e a Convenção de Palermo. Qualquer cidadão podia perceber a escalada da criminalidade, com atuação em rede planetária. Por vezes, como vimos em capítulo anterior, a violência produzia "cadáveres de excelência", como aconteceu, por exemplo, com o jovem juiz Rosario Livatino e que levou Nando dalla Chiesa a escrever a festejada obra *Il giudice ragazzino*.[9] Ou, como nas últimas grandes tragédias a envolver Giovanni Falcone e Paolo Borsellino, dois assassinatos consumados no curto arco temporal de 55 dias, entre 23 de maio e 19 de julho de 1992.

Nessa guerra da Máfia contra o Estado italiano tivemos vários outros ataques, na chamada estação dos anos 1992 e 1993. Vejamos:

- ✦ No dia 27 de maio de 1993, em Florença, a Máfia explodiu um furgão pleno de dinamite. Foi na via Giorgofili,

---

9 No prefácio, Dalla Chiesa afirma: "A história de Rosario Livatino, mais do que uma apresentação biográfica, se apresenta como um espelho para toda a sociedade. E a sua morte, mais do que um documento de acusação contra a Máfia, acaba por ser – com a pureza da força dos fatos – um silencioso, terrível, documento de acusação contra o envolvente regime da corrupção" (Dalla Chiesa, *Il giudice ragazzino: storia di Rosario Livatino assassinato dalla Mafia sotto il regime della corruzione*, p.X).

atingindo uma histórica torre e parte da Galeria degli Uffizi, uma das mais importantes da Europa;

+ Em 27 de julho do mesmo ano, três bombas colocadas em veículos automotores levaram pânico, com explosões quase simultâneas, a Milão (via Palestro e próximo ao Duomo gótico, símbolo da cidade) e Roma. Em Roma houve duas explosões. Na importante praça de San Giovanni in Laterado (sede do bispado de Roma, onde o papa acumula a função de bispo de Roma) e defronte à pequena e acolhedora igreja de San Giorgio in Velabro, uma das preferidas dos romanos para cerimônias de casamentos.

Nessa estação de terror mafioso de 1992 a 1993, após esses assassinatos, alguns atentados falharam. Eles tinham como alvos pessoas selecionadas e consideradas "cadáveres de excelência".

Os atentados acarretariam um "mar de sangue". Foram eles: atentado preparado contra Pietro Grasso, já procurador nacional antimáfia e presidente do Senado; atentado tendo por alvo Claudio Martelli, ministro de Graça e Justiça quando era *premier* o socialista Bettino Craxi, condenado pela Operação Mãos Limpas e falecido como foragido na Tunísia; por falha no equipamento de telecomando encomendado pelos irmãos Graviano, não explodiram as bombas próximas ao lotado Estádio Olímpico de Roma, em um domingo de clássico futebolístico; apesar da explosão violenta, uma casualidade poupou, na via

Fauro, em Roma, a vida do jornalista Maurizio Costanzo, em 14 de maio de 1993.

Tudo isso recomendava uma iniciativa da ONU. E ela finalmente aconteceu. No período de 21 a 23 de novembro de 1994, as Nações Unidas realizaram sua primeira – e até agora única – Conferência Mundial sobre Crime Transnacional. Ela deveria ter sido realizada em Palermo, à época ainda considerada a "capital mundial" do crime organizado. Pela falta de segurança, a conferência aconteceu na região da Campânia, em Nápoles.

A bela Nápoles – e seus cidadãos brincam nunca acontecer nada no mundo sem antes ter sucedido em Nápoles – hospedou a conferência, em que estavam presentes 140 estados-membros das Nações Unidas, incluído o Brasil (pelo ministro da Justiça do governo do presidente Itamar Franco). Muito significativo e de conteúdo atual foi o preâmbulo da ata de encerramento da Conferência de Nápoles:

> Nós, chefes de Estado e chefes de governo, declaramo-nos sinceramente preocupados com a enorme força adquirida pelo crime organizado no último decênio [1984 a 1994], e pela sua difusão mundial, que constitui perigo real à segurança internacional e à estabilidade dos Estados soberanos, e, também, alarmados pelo alto preço pago ao crime organizado em termos de vidas humanas. Assim, e ainda, sobre os efeitos nas economias nacionais e no sistema financeiro mundial, [...] recomendamos [...]

Infelizmente, o Brasil não subscreveu essa ata e não convenceu a escusa do então ministro da Justiça de ser ele um especialista da área civil e não da área criminal. No frigir dos ovos, ele deve ter se assustado com o conteúdo da ata final, quando os especialistas participantes já sabiam ser o Brasil (a) esconderijo de mafiosos de ponta, (b) corredor de cocaína produzida e refinada em conhecidos países fronteiriços (Colômbia, Peru e Bolívia), (c) fornecedor, por possuir a maior indústria química da América Latina, de insumos químicos para refino da folha de coca andina, (d) praça atraente para lavagem e reciclagem de capitais das internacionais criminosas.[10]

---

10 O PCC não é transnacional. Trata-se de uma organização interfronteiriça, ou, melhor dizendo, com penetração em países com fronteiras com o Brasil. No Paraguai, por exemplo, essa organização criminosa, por interpostas pessoas, mantém a propriedade de fazendas. Irrigação e sementes transgênicas permitem à criminalidade uma safra de erva canábica para atender sem queda de oferta os mercados consumidores sul-americanos. As organizações criminosas, em especial a de São Paulo e as do Rio de Janeiro, fizeram que o Brasil passasse de corredor a país consumidor, no que toca à cocaína andina. E, diga-se, um corredor de duas mãos. Em uma delas, dá-se a passagem da droga. Na outra direção, passam os insumos químicos brasileiros, destinados ao refino feito nos países vizinhos, onde abunda naturalmente a folha de coca: a folha de coca de melhor aproveitamento é a Tingo Maria peruana, que o narcotraficante Pablo Escobar espalhou para o cultivo na Colômbia. Naquele tempo, o Peru, e não a Colômbia, era o grande país de produção e de exportação ilegal do cloridrato de cocaína (cocaína em pó).

No que tange à tentativa de erradicação do problema, com o Plan Colombia fica clara a importância do alerta da Conferência de Nápoles de não se atuar sem o conhecimento do fenômeno. Como parte do Plan Colombia, foram derramados herbicidas em áreas de cultivo de coca, mas contaminando também a terra produtiva, os cultivos legais de cereais e rios. A área dos arbustos de coca, então, migrou para a região da floresta amazônica. Clareiras foram abertas e os aviões norte-americanos não estavam autorizados a despejar veneno na floresta, por risco de dano ambiental irreparável. O Plan Colombia foi um fracasso.

MÁFIA, PODER E ANTIMÁFIA

Dada a justificativa canhestra do ministro brasileiro da Justiça, só faltou esclarecer-se a razão de ele haver aceitado representar o Brasil em conferência sobre específica questão criminal e na condição de agente da autoridade do presidente da República. No documento de encerramento da Conferência, ficaram consignadas algumas recomendações. Deu-se como fundamental e se recomendou a cooperação internacional. Um reconhecimento ao que fora ensinado por Giovanni Falcone, que cansou de alertar para aquilo que era o "ovo de Colombo" para o combate ao fenômeno, a obviedade ululante, para lembrar Nelson Rodrigues. Ora, e cansou de repetir Falcone, se a criminalidade era transnacional e não observava limite de fronteiras, sem cooperação entre países seria impossível o contraste e a efetiva repressão.

A respeito da cooperação internacional, o Brasil deve a ela grande parte do sucesso da operação Lava Jato. Melhor expondo: a cooperação internacional no que se refere à comprovação

---

Por falar em intromissões norte-americanas, o governo Clinton, que tinha um republicano como seu "czar" antidrogas, o general Barry McCaffrey, tentou impor ao Brasil a denominada Lei de Abate de Aeronaves sob suspeita de transporte de drogas ilícitas. No governo Fernando Henrique Cardoso, o secretário brasileiro antidrogas, Wálter Fanganiello Maierovitch, resistiu por entender ser a ação inconstitucional, como noticiaram os jornais da época. Disse o secretário tratar-se de "uma forma sumária de imposição de pena de morte, com risco de vitimar inocentes transportados e quando o Brasil acabava de implantar a Secretaria Nacional de Direitos Humanos". Foi dito, também, que um megatraficante jamais acompanha a entrega da droga.

No governo do presidente Lula, a lei brasileira sobre abate de aeronaves suspeitas de uso pelo narcotráfico foi sancionada e entrou em vigor.

da "roubalheira" e à recuperação de parte do montante desviado. Na operação Lava Jato, no período de 31 de dezembro de 2018 a 1º de janeiro de 2020, foram recuperados R$ 4,5 bilhões, para fim de repatriação.

O Ministério Público da Confederação Helvética (Suíça) enviou à Procuradoria Geral da República comprovações de movimentações bancárias e de ocultações patrimoniais, em fundamental cooperação internacional. É de se lamentar o ritmo lento de certas investigações, apesar de irrespondíveis documentos helvéticos sobre ocultação de fortunas em bancos.

Outra recomendação básica da Conferência, da qual o Brasil sempre se esquece, foi a de não se dever elaborar projetos nem aprovar leis de contraste, prevenção e repressão sem o conhecimento do fenômeno. No Brasil, na esfera criminal e processual

---

Um registro trágico foi o abate, em 20 de abril de 2001, no Peru, de um pequeno avião Cessna. O piloto, por problema de equipamento, não escutou e, assim, não atendeu ao aviso para aterrar em campo próximo. Um jato da Força Aérea peruana abateu o Cessna. O jato peruano estava acompanhado por caças norte-americanos. A queda resultou na morte da missionária da Igreja Batista Roni Bowers, norte-americana de 35 anos, e de sua filha Charity, um bebê de 7 meses. O piloto sobreviveu aos ferimentos e teve as pernas quebradas. E não havia droga no avião. Em um resumo e tomado por empréstimo o ressaltado pela escocesa Alison Jamieson, do Escritório das Nações Unidas sobre Drogas e Crime (UNODC): "As internacionais criminosas, de modelo mafioso, já trocaram, há tempo, a metralhadora pelo mouse do computador". Para ser mais fiel à frase: "Kalashnikov? Basta il mouse". Jamieson alertava para o domínio e o uso da tecnologia, algo que caiu na predileção das máfias. Infelizmente e numa comparação com os Estados nacionais, o crime organizado consegue estar sempre à frente, imprimir velocidade maior e ser mais eficaz.

penal, os códigos viraram colchas de retalhos e muitas leis entram em vigor por puro populismo. A última iniciativa, contida no chamado pacote Alexandre de Moraes, ministro do STF indicado pelo suspeito presidente Michel Temer (Temer é objeto de investigações criminais e de ter, por anos, influenciado negócios ilegais no Porto de Santos, o maior da América Latina), elevou o teto máximo do cumprimento da pena de 30 a 40 anos, como já foi mostrado.

Operadores e especialistas em direito penal alertam para o fato de que o aumento de penas, por si só, não reduz a criminalidade. O grande e sério juiz, professor, humanista e penalista Alberto Silva Franco, em sua obra *Crimes hediondos*, de 2005, faz a seguinte citação, em referência ao artigo intitulado "O lado frágil", publicado no jornal *O Estado de S. Paulo*, de 27 de março de 1991, p.2:

> No interessante artigo, da lavra do juiz Wálter Fanganiello Maierovitch, ficou patente que não basta a agravação punitiva para o controle de determinada tipologia criminal. O recurso a expedientes mais criativos mostra-se de maior adequação, como, por exemplo, a medida adotada, na Itália, em relação a organizações criminosas modeladas em termos mafiosos: a investigação financeira, com o sequestro cautelar de bens.[11]

Como disse Beccaria, só a certeza da punição conta para inibir a prática de crimes. Trocado em miúdos, a certeza da

---

11 Franco, *Crimes hediondos: a Lei 8072/90 e o Movimento da Lei e da Ordem*, p.36, nota 6.

punição, independentemente de ser a pena alta, é a causa capaz de inibir a escalada da criminalidade. Aumentar penas é populismo que sempre cai no gosto de politiqueiros, com ou sem toga.

A iniciativa de aumento da duração do prazo de cumprimento de penas – que encontra apoio na doutrina norte-americana da Lei e da Ordem (Law & Order) –, num Brasil em que o porcentual de reincidência criminal supera os 80% e com sistema penitenciário sem política de recuperação e reinserção social, deve fazer o marquês de Beccaria se revirar na sepultura.

A conferência napolitana da ONU teve saldo positivo. Por ser isto de clareza solar, percebeu-se que o crime organizado de *stampo* mafioso e que é transnacional representava afronta ao Estado Democrático de Direito. Afetava direitos e garantias individuais, liberdades públicas e minava direitos e conquistas sociais.

Por força do concluído na Conferência de Nápoles e por posterior iniciativa da Polônia (em dezembro de 1996), na condição de Estado-membro, foi iniciado na ONU um procedimento a respeito da viabilidade de se partir para uma convenção. Audiências preparatórias foram realizadas nas Filipinas, Argentina e Senegal. As audiências funcionaram para sondar a comunidade internacional sobre a necessidade de a ONU propor uma legislação e políticas comuns.

Na Assembleia especial da ONU de julho de 1998, aprovou-se e criou-se comissão para elaborar o projeto de convenção sobre crime organizado transnacional, com três protocolos.

Depois de seis anos da Conferência de Nápoles, concluiu-se pela realização de uma convenção. Assim, nasceu a Convenção de Palermo, realizada em dezembro de 2000.

A Convenção de Palermo, sobre a qual já tratamos no primeiro capítulo, contava com três protocolos como anexos para apreciação e votação: armas leves de fogo; exploração criminosa de seres humanos; trabalho escravo, prostituição e tráfico de órgãos humanos.

Dos 189 estados-membros da ONU, estavam presentes 140. O Brasil marcou presença e aprovou, desde logo, o texto da Convenção e os anexos. Embora tenha subscrito a Convenção em dezembro de 2000, o Brasil, pelo Poder Legislativo, aprovou apenas quatro anos depois a sua vigência em território nacional, pelo Decreto n.5.015, de 12 de março de 2004.

Algo incrível aconteceu, ou seja, numa convenção sobre criminalidade transnacional não houve, entre os estados-membros da ONU, quórum para a aprovação do anexo sobre armas leves. Os dois outros anexos foram aprovados. Para não ficar mal, o tema armas leves, fabricação e tráfico, foi deixado para novos encontros.

Num Teatro Massimo lotado, a Convenção de Palermo foi aberta pelo saudoso Kofi Annan, secretário-geral das Nações Unidas. De pronto, Kofi Annan alertou que as máfias atuavam em rede planetária. As redes mafiosas, como se soube e estava comprovado, cobriam o planeta, e uma miríade de pontos, como se fossem nós dessa rede, ficavam disponíveis para ser "plugados" por outras organizações delinquentes, de qualquer calibre. Annan avisou que o lucro das organizações criminosas crescia anualmente de 40% a 50%. Um dado posterior do Fundo Monetário Internacional destacava que o mercado de drogas proibidas movimentava de 2% a 5% do PIB planetário. Para o Banco Mundial, a movimentação era de US$ 100 bilhões por ano, enquanto as agências norte-americanas estimavam em até US$ 300 bilhões por ano. Em síntese, o crime organizado transnacional tinha conquistado força econômica e, em razão disso, poder corruptor.

Na Convenção, para resolver o problema do enquadramento penal, foi proposto e aprovado um tipo criminal comum. Tipo a ser adotado pelas legislações dos estados-membros da ONU. Das inúmeras discussões preparatórias, vingou a aprovação de um tipo minimalista e a Convenção foi o primeiro e específico instrumento jurídico internacional em matéria de prevenção e repressão à criminalidade organizada. A definição minimalista não agradou a todos, pois muitos desejavam um texto exatamente igual ao artigo 416, bis, do Código Penal italiano. Talvez essa tenha sido uma das razões de a Itália, país-sede da Convenção e onde o fenômeno da criminalidade de *stampo* mafioso havia deitado raízes, não ter subscrito a Convenção naquele dezembro de 2000.

5
Terrorismo e máfia
Estudos de caso e distinção de conceitos

Um observador menos atento poderia concluir ter sido resolvida a tipificação criminal para o terrorismo diante do que foi definido e aceito na Convenção de Palermo. Ledo engano. A Convenção de Palermo limitou-se, na verdade, a definir um tipo de criminalidade transnacional de matriz mafiosa e não um tipo válido para o terrorismo. O crime organizado mafioso e transnacional não se confunde com aquele praticado por organizações terroristas.

De fato, até hoje, como chamou a atenção Walter Lequeur, as Nações Unidas não chegaram a um consenso sobre como definir o terrorismo: "No curso dos anos, tivemos pelo menos 150 definições de terrorismo, e penso ter contribuído pessoalmente com duas ou três. Mas todas elas se tornaram cada vez mais irrelevantes e se adaptam a alguns grupos terroristas, mas não a outros".[1] Domenico Tosini, professor de Sociologia da Universidade de Trento, relembrou essas dificuldades enfrentadas pela ONU:

---

1 Laqueur, *Il nuovo terrorismo: collana storica diretta da Sergio Romano*, p.10.

A ONU experimentou, em várias oportunidades, a dificuldade de encontrar uma via de saída do relativismo no qual encalha a definição de terrorismo. Nos anos 1970, por exemplo, a Assembleia Geral da ONU experimentou uma disputa entre uma maioria, composta principalmente pelos países ocidentais, e uma minoria constituída de países árabes e de alguns africanos e asiáticos. Havia uma urgência em se tomar posição em face do atentado ocorrido nas Olimpíadas de Munique de 1972, na qual um comando de palestinos dominou alguns atletas de Israel a fim de obter a libertação de duzentos prisioneiros árabes detidos nos cárceres israelenses. Em seguida a uma reação armada das forças de ordem alemãs, a ação policial terminou com a morte de cinco palestinos e onze israelenses. Ficou no ar: como deveria ser definida uma ação desse gênero?[2]

E prossegue o professor Tosini:

Sabemos qual teria sido a resposta de Arafat à luz de um caso semelhante ao sucedido em 1972. E, na Assembleia, análoga foi a posição da minoria: os "povos que lutam para se libertar da opressão estrangeira e da exploração criminosa têm o direito de usar todos os métodos que possuem ao seu dispor, incluída a força [...]". A partir de então, a ONU adotou normas de várias convenções e resoluções em matéria de terrorismo: todas elas não se interessam em dar respostas sobre os motivos das lutas e condenaram certas modalidades de ação política.[3]

Diante desses vazios, as potências, incluída a União Europeia, relacionam e anunciam, cada uma ao seu talante, quais organizações são terroristas. E muitos países aderem a essa classificação sem contestações. De qualquer forma, o terrorismo

---

2 Tosini, *Terrorismo e antiterrorismo nel XXI secolo*, p.14-5.
3 Ibid.

MÁFIA, PODER E ANTIMÁFIA

fundamentalista continua a gerar fanáticos dispostos ao que chamam de martírio. A violência aumenta e homens-bomba, ora mais, ora menos, explodem, a demonstrar a atualidade da frase do iluminista Diderot: "Do fanatismo à barbárie basta um passo". Para aumentar a confusão, muitas vezes se confunde método terrorista com o terrorismo propriamente dito. Poucos atentam para situações que evidenciam terrorismo de Estado. Cada vez mais, os "007" dos serviços secretos fazem trapalhadas que, muitas vezes, acabam em tragédias.

Quando comandava a Al Qaeda, o terrorista Osama Bin Laden, morto em 2011, inovou ao incentivar a tese do "faça você mesmo a sua parte na *jihad*". Não eram necessárias ordens expressas da Al Qaeda para atacar. Na Espanha e na Inglaterra, tivemos adesões a essa recomendação, que resultaram em atos terroristas sangrentos. As redes de ciberterror da Al Qaeda difundiram durante anos a permissão para essa modalidade de ação.

O terrorista Bin Laden e o seu segundo à época, Ayman Al-Zawahiri, apostaram no ciberterror e nas infovias da internet, a custo zero. Antes de secarem suas fontes de recursos (recursos sauditas), a Al Qaeda se apoiava em quatro pilares: (1) Al Qaeda central e tradicional, na qual pontificavam Osama, Al-Zahawiri e Abu Laith al-Libi; (2) rede de afiliados, composta de grupos independentes, como os que atuavam no Iêmen e na Argélia; (3) grupo dos "inspirados" ou "nômades globais", com atuação escoteira ou em associações temporárias, e impulsionados pela regra alqaedista do "faça você mesmo a sua parte"; (4) grupo dos facilitadores, soltos pelo mundo e com a meta de estabelecer ligames da Al-Qaeda central com organizações islâmicas terroristas ou com os denominados "inspirados". Os "facilitadores" arregimentavam homens-bomba, recolhiam contribuições e, por vezes, prestavam auxílio material em atentados de pequeno porte.

Bin Laden só não admitia palpites em questões religiosas. Afinal, sempre teve a pretensão de um dia ser proclamado califa. Antes disso, pretendia, no mundo islâmico sunita, ser o único intérprete do movimento sunita ortodoxo, o wahabismo.

Todos sabem que Bin Laden não chegou a se autoproclamar sucessor de Maomé, mas outro, Abu Bakr Al-Baghdadi, morto em outubro de 2019, não deixou por menos: pela força do terror, Al-Baghdadi autoproclamou-se califa e proclamou a existência de um Estado Islâmico – Estado Islâmico do Iraque e do Levante (também conhecido pela sigla em inglês, Isis, de Islamic State of Iraq and Syria) foi o nome inicial dado à organização, que passou a ser conhecida apenas como Estado Islâmico em 2014, em cerimônia realizada na mesquita Al Nuri, de Mossul. A organização nascera de um braço da Al Qaeda, o apêndice dirigido pelo combatente Abu Musab al-Zarqawi.[4]

Como a ONU não consegue chegar a uma definição aceitável do que seja terrorismo, os seus estados-membros criaram as suas. O Brasil, por pressão militar, usou o fato de estar a sediar

---

4 Em 2006, Zarqawi foi atingido mortalmente por um drone arremessado pelas forças norte-americanas em um barracão onde se encontrava escondido.

MÁFIA, PODER E ANTIMÁFIA

os Jogos Olímpicos e a Copa do Mundo para elaborar e promulgar a sua lei específica sobre terrorismo. A ideia inicial, que não resistiu às pertinentes críticas, era tipificar os movimentos sociais, como o Movimento dos Trabalhadores sem Terra (MST), como organizações terroristas.

A lei brasileira vem sendo usada ao sabor das conveniências e existe a confusão conceitual entre terrorismo e método terrorista. Exemplifiquemos o método terrorista, imaginando a seguinte cena: uma pessoa, incomodada com o barulho noturno e buscando fazer justiça com as próprias mãos, lança uma bomba caseira e potente para destruir a casa do vizinho barulhento. Tal pessoa realizou o ato por causa do barulho e só por isso. Claro está não se tratar de um terrorista, mas a pessoa usou um método comum ao terrorismo.

No conhecido episódio do ataque ao *site* Porta dos Fundos, a sede da produtora foi atacada com arma química incendiária, tipo coquetel Molotov, por radicais neofascistas interessados em vingança (inconformismo em decorrência da produção e da exibição de um filme de humorismo que apresentou Jesus como gay) e, sobretudo, em colocar fim à liberdade de expressão e de exteriorização do pensamento. Nossa Constituição de 1988 veda a censura. Então, surge a questão do enquadramento do ataque à sede do *site* Porta dos Fundos, que deve ser realizada à luz do bom direito.

O mencionado professor Tosini recomenda, com acerto e a fim de se fazer distinções, uma antiga colocação do especialista Alexander P. Schmid. Para esse último, "no terrorismo, o alvo direto da violência não é o alvo principal".[5] Vamos à prática. No ataque de 11 de Setembro, as torres gêmeas e o Pentágono não eram os alvos principais. O alvo principal – portanto, indireto (mediato) – era a cultura ocidental, simbolizada pelas torres, o Pentágono e os Estados Unidos.

No caso do *site* Porta dos Fundos, o alvo direto da violência, que não era o principal, foi a sede da empresa. O alvo indireto, desejado e maior, era atacar a liberdade de expressão, como se fossem os executores desse ato terrorista os censores, rasgada a garantia constitucional do nosso Estado democrático de direito. Portanto, caso claro de terrorismo.

A matéria do Porta dos Fundos foi grosseira, desrespeitosa. Mas, em um Estado democrático de direito, a manifestação é livre e não cabe censura. Para quem não gostou ou se sentiu desrespeitado, a saída democrática, constitucional, é não acessar o *site*. Simples assim, como afirmei ao colunista Chico Alves, do portal UOL, em 26 de dezembro de 2019. Para usar de uma feliz colocação do colunista Hélio Beltrão, do jornal *Folha de S.Paulo*, "o único controle da mídia necessário é o controle remoto: não gostou, troque o programa".[6]

É interessante notar que pertencem ao mesmo gênero de criminalidade organizada especial as associações terroristas e as delinquenciais de modelo mafioso e transnacionais. Crime

---

5 Tosini, op. cit., p.16.

6 Beltrão, Para que serve a liberdade de expressão, *Folha de S.Paulo*, 15 jan. 2020.

MÁFIA, PODER E ANTIMÁFIA

organizado transnacional de matriz mafiosa e terrorismo são, portanto, do mesmo gênero, mas de espécies totalmente diversas. As máfias têm como ideário o lucro, as vantagens econômicas. No terrorismo, o objetivo não é o lucro financeiro. Embora de espécies diversas, para ambos os casos a repressão eficaz é a mesma. A repressão que se dá por meio de desfalque à economia movimentada pelas organizações terroristas ou mafiosas. Esse ponto é o que permite as ações violentas. Sem capital, uma organização terrorista não consegue comprar armas. É o velho preceito do *"pecunia olet"* (o dinheiro tem cheiro), ou melhor, o dinheiro tem cheiro e pode ser seguido.

O ex-presidente Bush, pós-11 de Setembro, procurou, com sucesso, secar as fontes de financiamento ao terrorismo alqaedista. Para tanto, usou os serviços dos "007" das agências de inteligência, da cooperação internacional e, evidentemente, da colaboração encoberta das instituições financeiras.

Num resumo do resumo, e tomado o dito popular "uma coisa é ser uma coisa e, outra coisa, é algo diverso": fizeram bem os estados-membros da ONU em não confundir máfia com terrorismo no instrumento jurídico de nome Convenção de Palermo, de 41 artigos.

Terrorismo de Estado

Não se deve esquecer, também, o denominado "terrorismo de Estado". No Brasil, essa prática vigorou quando da ditadura militar iniciada em 1964. Também houve terrorismo de

Estado na ditadura Vargas e sob comando do então chefe da polícia do Distrito Federal, Felinto Muller, de triste memória.

É antiga e conhecida a prática do terror por órgãos de estados nacionais, bem como o são as buscas de cooptações e apoios na sociedade para melhor atingir os objetivos e tentar acalmar pressões internacionais de censura.

A vetusta máxima latina do *"divide et impera"*, dividir para conquistar, porta um componente de violência política que, muitas vezes no curso da história, tipifica o que hoje chamamos de "terrorismo de Estado". Serve de exemplo o patrocínio financeiro do terror para enfraquecer o Estado rival, por meio de cooptados e "engraxados" políticos ambiciosos ou dissidentes.

O terrorismo de Estado também pode ser caracterizado pela violência interna contra civis, na forma de repressão política. Nesse particular, volto a Tosini: "O terror de Robespierre tornou-se o protótipo do que chamamos terrorismo de Estado, em que o uso sistemático e político da violência não advém de grupos clandestinos antigovernamentais, como violência política proveniente de baixo, mas procede do poder central e dominante da sociedade, como violência vinda do alto".

No Brasil, a partir de 1964, em razão de golpe de Estado militar que levou à ditadura (1964 a 1985), tivemos a prática do terrorismo de Estado, que perpetrou violências como privação de liberdade, torturas, sequestros, assassinatos, com ou sem desaparecimento de corpos. Na verdade, foi caso de violência provinda do alto, para usar a expressão de Tosini. Violência pesada, a fim de manter o ilegítimo poder de mando e calar os opositores desse regime de exceção, incluídos os que promoviam a resistência pacífica.

Não bastasse a consumação de crimes de lesa-humanidade, a ditadura brasileira deixava as digitais de prática de terrorismo de Estado grafadas em atos institucionais. O Ato Institucional número 5, de 1968, autorizava as prisões sem ordem judicial e impedia, quando entendido por seus agentes tratar-se de custódia por suposto crime político ou contra a segurança nacional, a concessão judicial de ordem de *habeas corpus* liberatório.

Entretanto, persistem indefinições sobre os contornos do que se poderia entender por terrorismo de Estado, e, nessa direção, cabe considerar o caso do assassinato do general iraniano Qasen Soleimani. No início de 2020, por autorização do presidente Donald Trump, um drone disparado por força norte-americana matou o general no aeroporto iraquiano de Bagdá. Mais uma vez, e por indefinição conceitual de terrorismo por parte das Nações Unidas, a mídia vacilou e Soleimani transitou nos jornais ora como terrorista, ora como mártir, ora como estrategista de guerras. Trump, por sua vez, foi apresentado ora como duro no enfrentamento ao terrorismo, ora como autorizador de uma ação de terrorismo de Estado.

Em 2008, o famoso general norte-americano David Petraeus mandou seus agentes de inteligência convidar para um encontro o general iraniano Qasen Soleimani. Pouco tempo depois da entrega do convite pelos norte-americanos, chegou uma mensagem no celular de um oficial iraquiano próximo a

Petraeus. A mensagem, arquivada no Pentágono, dizia o seguinte: "O senhor sabe que eu, general Qasen Soleimani, controlo a política do Irã para o Iraque, para o Líbano, Gaza e Autoridade Palestina. O embaixador em Bagdá é da Força Quds e o substituto que assumirá também é da Força Quds, e meu subordinado". Com a mensagem, ficavam indicados a Petraeus quem eram seus interlocutores.

Soleimani, nascido em 1957 na província de Kerman, no Irã, comandava a Força Quds, que atua no exterior como o braço do Exército dos Guardiães da Revolução Iraniana (Pasdaran): a guarda Pasdaran foi criada pelo aiatolá Khomeini, então líder supremo do Irã, para defender a revolução e controlar o Estado. Quando morto em razão do *"raid USA"*, Soleimani se apresentava no Iraque como consultor iraniano. Na verdade, ele comandava e ditava, para o Oriente Médio, a geopolítica e a geoestratégia iranianas.

No sul do Líbano, nos anos 1990, treinou e armou o Hezbollah. Ganhou fama. Foi sua a iniciativa de o partido político Hezbollah contar com um braço armado. Anos mais tarde, jogando de mão com os russos, deu sustentação bélico-militar à permanência da ditadura de Assad na Síria: o ditador sírio lidera uma minoria halauita, de raiz xiita. Sabedor de como trabalhar com informações e contrainformações, Soleimani montou milícias com atuações no Iraque e no Iêmen, seguindo o modelo que implantou para o libanês Hezbollah.

Até a Primavera Árabe, Qasem Soleimani atuava fora do Irã e em atos terroristas. Combateu a Al Qaeda e o Estado

Islâmico por serem sunitas. É de se notar que, no combate ao Isis, atuou em sintonia com a CIA norte-americana, em uma aliança informal, decorrente de interesses coincidentes.

No Irã, a autorização para matar Soleimani dada por Trump provocou o enfraquecimento do moderado presidente Hassan Rohani. Por outro lado, deu, por dias e até a derrubada equivocada de um avião lotado de passageiros que acabara de decolar, força extra ao aiatolá Ali Khamenei. O aiatolá Khamenei sonha com a saída americana do Oriente Médio e a expansão da influência xiita iraniana, com pressões sobre a sunita Arábia Saudita e sobre Israel, inimigo declarado.

Em fevereiro de 2009, Khamenei outorgou a Soleimani a comenda da ordem de Zolfaghar. É a mais importante comenda do país e nunca havia sido outorgada a militares. No discurso oficial, Khamenei disse ao general para que ele "morresse como mártir".

Pelo currículo, fica claro ter sido morto um terrorista, muitas vezes realizador de ações de guerra, com vestes de general e apoiado pelo aiatolá Khamenei, chefe supremo do teocrático Estado iraniano. Quanto a Trump, usando como bússola as definições de Alex Schmid (o alvo direto da violência não é o principal), não praticou terrorismo de Estado, mas, pela Convenção de Viena, ato equiparado ao de agressão de guerra.

Agências de inteligência

É interessante se debruçar, ainda que brevemente, sobre as agências de inteligência. Se, por um lado, foram historicamente usadas, como no caso do Serviço Nacional de Informações brasileiro (SNI), que veremos a seguir, como "olhos" para regimes autoritários e instrumento prévio à perpetração de ações que podem ser tipificadas como terrorismo de Estado, por outro, são elemento indispensável ao combate aos dois tipos de organizações criminosas que são alvo do presente capítulo, as terroristas e as mafiosas.

As agências de inteligência se preocupam e colhem informações sobre organizações criminosas transnacionais de modelo mafioso. Quer por estas atentarem contra o Estado democrático, como já frisado neste livro, quer por negociarem armas e munições com as organizações terroristas.

No campo da inteligência e da espionagem, vale a regra de Sun Tzu, expressa no livro *A arte da guerra*, que integrou o *Livro vermelho* de Mao Tsé-Tung. Por volta de 450 a.C., ensinou Sun Tzu: "O que permite ao soberano esclarecido vencer e obter coisas fora do alcance dos homens comuns são as informações oportunas".

Pelo que se sabe, perde-se no tempo o uso de espiões. Alguns, como Mata Hari (1876-1917) e Carlos, o Chacal (nascido em 1949), tornaram-se famosos. Na introdução à obra sobre a história do Mossad, o jornalista Aldo Musci e o pesquisador Marco Minicangeli apontam para essa vetusta atividade:

MÁFIA, PODER E ANTIMÁFIA

"Walter Laqueur tem razão, o trabalho do espião, como aquele da prostituta, é o mais antigo e problemático do mundo".[7]

Depois da queda do Muro de Berlim e o fim da inteligência da então Alemanha Oriental, tida como a mais eficiente e a deixar para trás em competência a soviética KGB, o destaque por conta de inteligência passou para o Mossad. Suas virtudes são cantadas em verso e prosa. O trabalho de informações do Mossad, que permitiu, em 4 de julho de 1976, a ousada ação de resgate de cem judeus, sequestrados e aprisionados no aeroporto de Entebb (Uganda), chegou às telas dos cinemas.

Outra típica ação de sucesso e precisão, como contam Musci e Minicangeli, por ocasião da cerimônia fúnebre do rei Hussein da Jordânia (fevereiro de 1999), consistiu na coleta de urina do então ditador sírio Hafez al-Assad, apelidado "Leão de Damasco" e pai do atual ditador sírio Bashar al-Assad, ambos da minoria halauita, uma derivação da religião islâmica xiita. Com a urina submetida à análise laboratorial, o governo de Israel passou a saber que o grande inimigo tinha um câncer avançado de bexiga, sofria de uma forma grave de diabetes e o seu coração, depois de recente infarto, estava em condição precária.

Entretanto, propaganda à parte, o certo mesmo é que nenhum órgão famoso de espionagem escapou de grandes trapalhadas, da CIA ao Mossad, e deste à KGB.

---

7 Musci; Minicangeli, *Breve storia del Mossad*.

No Brasil,[8] a Agência Brasileira de Inteligência (Abin) passou por profunda reformulação no governo Fernando Henrique Cardoso, por meio de trabalho realizado pelo ministro da Casa Militar, o general do Exército Alberto Mendes Cardoso, com participações de Márcio Paulo Buzanelli e José Mílton Campana, ambos já comandantes da Abin, no posto de diretor-geral. Hoje, temos no país uma Abin formada por agentes concursados e com atividades fiscalizadas pelo Poder Legislativo. Concepção nova. Para muitos do ramo, incomum. Como regra, os apelidados "007" não são conhecidos. As atividades são secretas, aliás, como mostra até o cinema. Porém, os agentes e oficiais da Abin já chegaram a ensaiar passeata em Brasília. Trocado em miúdos, há risco de rostos e identidades tornarem-se conhecidos.

O fundamental, quando os agentes coletam informações de organizações de modelo mafioso, é que sua atuação seja processada dentro da legalidade. Não se combate crime organizado mafioso agindo fora da lei.

No Brasil, o SNI deixou como herança casos de abusos, o que inibe, pelo medo de se voltar ao passado, que tenha o nosso país um serviço moderno, eficiente. A Abin é tímida e nenhum governante investe, por receio, em sua melhoria. A lei que ficou conhecida por Wálter Fanganiello Maierovitch, referente à

---

8 É erro sustentar que a espionagem brasileira tenha começado com o SNI, de triste memória. A inteligência começou no Brasil em 1927, no governo de Washington Luís Pereira de Sousa, criador do Conselho de Defesa Nacional, pelo Decreto n.17.999, de 29 de novembro daquele ano.

MÁFIA, PODER E ANTIMÁFIA

infiltração policial e de oficiais de inteligência em organizações criminosas de tráfico de drogas ou terroristas, teve vida curta. Por evidente, fica capenga a ação de espionagem sem infiltração. Modernamente, e como as organizações precisam de capitais, a infiltração tem sido feita com agente que se apresenta como operador do mercado financeiro. Não é mais eficiente a infiltração como "soldado" da organização, diante do risco de recebimento de incumbência para praticar homicídios.

Nota final sobre o Brasil e o terrorismo

O Brasil, com relação ao terrorismo, sempre mostrou predileção por se posicionar na contramão da história. Já mencionamos a tentativa oportunista de tipificar movimentos sociais como terroristas. Mas há também um histórico de desencontros.

O país deu guarida, em seu território, ao sanguinário paraguaio Alfredo Stroessner, que, nos quase 35 anos como ditador no Paraguai, comandou o terrorismo de Estado, com desaparecimentos de opositores, torturas e violações a direitos humanos. Stroessner participou, com outras ditaduras militares sul-americanas (Brasil, Argentina, Chile, Uruguai, Bolívia e Paraguai), da Operação Condor, idealizada pelos Estados Unidos e conduzida pela CIA. A Operação Condor representou uma aliança voltada a manter ditaduras militares, perseguir opositores aos regimes militares e impedir articulações de esquerda, ainda que democráticas. Stroessner viveu em "exílio dourado" no Brasil, em mansão ao lado da área nobre do lago

Paranoá de Brasília, desde a queda de sua ditadura, em 1989, até 16 de agosto de 2006, quando faleceu.

Outra indignidade do governo brasileiro se deu com relação ao já citado terrorista italiano Cesare Batistti, ex-membro da organização Proletários Armados para o Comunismo (PAC). Battisti, que entrou para a luta voltada, pela força das armas e não pelo voto, à derrubada da democracia italiana, foi o executor material de dois homicídios qualificados pela surpresa (vítimas: Antonio Santoro, chefe dos carcereiros do presídio de Udine, e Andrea Campanha, motorista policial) e coautor em dois outros assassinatos (Lino Sabadin, açougueiro, e Pierluigi Torregiani, joalheiro).

A Itália postulou ao Brasil a extradição de Battisti e obteve deferimento do STF. Em decisão inédita, e demonstrando postura pusilânime, o STF delegou ao presidente da República, à época Luiz Inácio Lula da Silva, a decisão sobre a conveniência política da extradição.

No último dia do mandato presidencial, Lula negou a extradição. Desprezou o acordo de Cooperação Judicial celebrado em 1998 entre Brasil e Itália. Ignorou as regras do direito internacional, que não considera crime político quando resulta em evento de morte ou em derramamento de sangue. Battisti cometeu assassinatos de pessoas comuns. Enfim, o então presidente Lula sujou as mãos com o sangue de vítimas inocentes ao dar abrigo no país a Battisti, um assassino mendaz.

Battisti se autoproclamava preso político e tinha esse falso discurso endossado por Tarso Genro, então ministro da

Justiça, o que deslustrou o governo Lula. Genro quis reescrever a história da Itália e sustentou estar ela, à época das ações terroristas de Battisti, sob regime fascista. Não desconfiava Genro que o regime fascista na Itália tinha sido extinto em 1943, com a destituição de Mussolini como *premier*? A Itália, nos apelidados "Anos de Chumbo" (fim dos anos 1960 e início dos anos 1970), era uma democracia. Seu presidente, chefe de Estado, era o socialista Sandro Pertini, que havia combatido o fascismo, sido preso e encarcerado junto com Antonio Gramsci, líder e secretário-geral do Partido Comunista Italiano (1926-1927). Em síntese, Tarso Genro seria reprovado, com nota zero, em exame elementar de história geral.

6
Direito premial e antimáfia

Temas como a redução ou a eliminação do fenômeno da criminalidade organizada transnacional foram debatidos em encontros ocorridos em paralelo à Convenção de Palermo, com a presença de especialistas internacionais convidados. Dois brasileiros participaram como convidados das Nações Unidas: o jornalista Caco Barcellos, que falou sobre a violência policial e sobre menores cooptados pelas organizações criminosas, e eu, que discorri a respeito de criminalidade mafiosa, geopolítica, geoestratégia e geoeconomia das drogas ilícitas, os cartéis colombianos, o crime organizado no Brasil, a presença mafiosa e os colaboradores de Justiça.

Um dos temas debatidos foi o direito premial.[1] Na Sicília, para quebrar a *omertà* (a "lei do silêncio"), investiu-se no direito premial e na mudança cultural. O principal incentivador da estratégia foi Giovanni Falcone. O impulso de Falcone

---

1 No Brasil, apesar do nome técnico de colaboração à Justiça, o direito premial ficou popularmente conhecido por "delação premiada". Virou um saco de gatos, com mistura de órgãos com legitimidade e premiações sem critérios.

virou pressão quando de sua passagem pelo Ministério de Graça e Justiça, no departamento de questões criminais, *lato sensu* (o magistrado foi assassinado justamente quando estava nessa função). Nunca se afastou da Magistratura, apenas se licenciou para servir no Ministério de Graça e Justiça. É imprópria, portanto, a comparação que se ouve amiúde de Falcone com Sérgio Moro, juiz federal em Curitiba que se tornou ministro da Justiça do governo Jair Bolsonaro. Sérgio Moro, para poder assumir o Ministério da Justiça, teve de se exonerar da Magistratura brasileira, que não admite o licenciamento para ocupar função diversa em outro poder do Estado.

Para fundamentar sua proposta de introdução do direito premial no combate às máfias, Falcone usou uma lição, de 1853, do jusfilósofo alemão Rudolf von Ihering. Para Ihering, "um dia os juristas iriam ocupar-se do direito premial e o fariam quando, pressionados pelas necessidades práticas, conseguissem introduzir a matéria premial dentro do Direito, isto é, fora da mera faculdade e do arbítrio, delimitando a matéria premial com regras precisas, não tanto no interesse do aspirante ao prêmio, mas, sobretudo, no interesse superior da coletividade".

Na Itália, o direito premial já havia sido usado com relação ao terrorismo dos "Anos de Chumbo". E não se deve pensar apenas em delações, mas no outro lado da moeda, no seu componente humanitário, sensível, isto é, no instituto da desassociação, jamais abordado ou cogitado no Brasil. E não se deve confundir isso com anistia, graça ou indulto, que são causas de extinção da punibilidade.

Muitos jovens italianos, com "prova provada" de participação em ações eversivas e terroristas, tinham sido condenados definitivamente ou estavam prestes a isso, com prisões perpétuas (*ergastolos*). A Itália era democrática, como já ressaltado. Numa democracia, a escolha dos governantes e representantes é livre e não pelas armas. Jovens, recém-ingressados na maioridade penal (com responsabilidade criminal), tiveram, diante da pouca maturidade, a ilusão de mudanças que, pela força armada e pelo sangue nas ruas e calçadas, possibilitariam chegar a um outro país. Uma vitória da minoria, a liquidar com a regra democrática, na qual, como ensina o constitucionalista Giovanni Sartori, "é o povo que comanda".[2]

A ideologia dos brigadistas, como anotou Giancarlo Caselli, um dos juízes de instrução de Torino nos "Anos de Chumbo", "era que a revolução não se processa [judicialmente] e a luta armada não se condena". Envolver a sociedade foi o caminho exitoso. De novo Caselli: "Mas, a vitória verdadeira contra o terrorismo chegou pela reviravolta, isto é, no país, no coração dos italianos. No percurso de esfacelamento do brigadismo, uma reviravolta decisiva se deu quando (na segunda metade dos anos 1970) tomou corpo uma forte reação baseada no argumento de que o terrorismo se derrota não só no plano investigativo-judiciário. Mas, também, se não sobretudo, no plano político".[3]

---

2 Sartori, *La democrazia in trenta lezioni*, p.5.

3 Caselli, *Le due guerre: perché l'Italia ha sconfitto il terrorismo e non la Mafia*, p.36-7.

É de se lembrar que os terroristas não só matavam: também usavam os aleijões causados nos cidadãos para fim de propaganda. Como a mostrar aos demais que não eram poupados aqueles que se opunham às mudanças. Isso se dava por um tipo de crueldade conhecida como *gambizzazzine*. Quando do ingresso ou da saída dos trabalhadores das fábricas, atirava-se na perna (*gamba*) para lesar e aleijar. Nada de matar. O lesionado, posteriormente, iria se mover de modo a chamar a atenção.

O terrorista Cesare Battisti, que apelou à Corte de Direitos Humanos da União Europeia e teve como resposta a regularidade dos seus processos criminais, participou de ações, em portas de fábricas, de indiscriminada *gambizzazzione* de trabalhadores. Vencido o terrorismo, adotou-se como nova política criminal, e a mirar nos mencionados jovens que tiveram participação no terrorismo ("Anos de Chumbo"), o mencionado instituto da desassociação. Bastava ao jovem afirmar ter se desassociado da luta armada para ser contemplado com uma premiação: isenção de pena. Atenção: não era preciso delatar ninguém.

É importante observar que, por si só, a premiação não é suficiente e, algumas vezes, chega a ser irrelevante. A figura do colaborador de Justiça foi muito eficaz no contraste à Cosa Nostra siciliana, mas teve pouca eficácia na repressão à organização mafiosa calabresa, a 'Ndrangheta: os membros dessa organização casam entre si. Quase todos são parentes, e esse vínculo inibe a delação, a "dedo-duragem". Efetivamente, ao lado do direito premial, nunca se deve descurar a prevenção no combate às máfias. Nesse campo da prevenção, a antimáfia italiana investiu pesado na mudança cultural. A chamada antimáfia siciliana, da qual participou ativamente a sociedade civil, desenvolveu ações denominadas de "educação à legalidade democrática". Para usar as palavras de Fiorela Farinella, o objetivo volta-se a "promover a cidadania consciente e responsável".[4]

A respeito das muitas forças sinérgicas envolvidas, incluídas aquelas buscadas no campo da prevenção, cabe repetir a lição precisa do saudoso jurista Giovanni Conso, magistrado da Corte Constitucional italiana, ministro de Graça e Justiça e membro da laica academia vaticana dos Linces (Accademia Nazionale dei Lincei), a mais antiga das academias: "Reputar que a legalidade e a justiça se realizam com a simples observância formal das regras, segundo o velho modelo da sociedade liberal, significa posicionar-se distante da verdadeira justiça, que é, especialmente, aquela substancial, a única que sabe evitar as muitas disparidades. É necessária, de verdade, a contribuição de muitas forças, tão grandes são as necessidades e tão fortes são as dificuldades".[5]

Valacchi e Vitale

Na origem das delações premiadas, temos as figuras históricas de Joseph ("Joe") Valacchi (1904-1981) e Leonardo Vitale

---

4 Libera (org.), *Educare alla legalità: il funzionamento dello Stato*, 1996, p.5.

5 Conso apud Anglani (org.), Educare alla legalità, *I quaderni di via libera*, n.1, out. 2000.

(1941-1984) – o primeiro, da Cosa Nostra norte-americana, e o outro, da Máfia siciliana.

Nos Estados Unidos, Valacchi era membro da *famiglia* mafiosa de Vito Genovesi[6] e estava, como se diz no popular, metido numa "sinuca de bico", ou, usando outra expressão, com "a água a chegar às narinas", pois, sem autorização do *capo famiglia* Vito Genovesi, o soldado Valacchi havia matado outro integrante da *famiglia*. Não bastasse isso, assassinara dois outros prisioneiros, ambos em prisão federal. Devido à quebra de hierarquia, Valacchi fora sentenciado à pena de morte pela Cosa Nostra. Em paralelo, perante a Justiça norte-americana, respondia a processo criminal por duplo homicídio e corria o risco de receber pena capital.

Diante da situação que criou, Valacchi buscou "salvar a pele" ao escrever uma carta a Robert Kennedy, que havia sido nomeado *attorney general* (chefe do Ministério Público da União) pelo irmão – o presidente dos Estados Unidos. Na carta,

---

6 Usamos aqui o termo "*famiglia*" no sentido cunhado pelo *capo dei capi* Lucky Luciano. Incomodado com o tratamento terminológico jornalístico nova-iorquino reservado à organização, Lucky Luciano (Salvatore Lucania) resolveu, em reunião com os outros chefes, criar uma nomenclatura própria. Os bandos e quadrilhas seriam chamados de *famiglie* (famílias). Cada quadrilha ou bando constituiria uma *famiglia*. A organização, como um todo, trocaria o nome Máfia por Cosa Nostra. Luciano explicou que seria uma *cosa nostra* (coisa nossa) e todo o resto restaria *cosa loro* (coisa dos outros). Os delinquentes da organização, hierarquicamente a ocupar a base da pirâmide mafiosa, seriam os "soldados". Os chefes virariam *capo famiglia* e os membros da organização passariam a ser tratados como *uomini d'onore* (homens honrados).

MÁFIA, PODER E ANTIMÁFIA

Valacchi dizia que era mafioso, mas estava arrependido e desejoso de revelar como funcionava a organização mafiosa que integrava havia anos. O mafioso foi ouvido por Robert Kennedy em 1963. Contou os segredos da organização que chamou de La Cosa Nostra. Falou de seu poder corruptor e dos episódios de sangue. O relato impressionou Kennedy a ponto de ele tomar a iniciativa de levar Valacchi para depor na Comissão do Congresso dos Estados Unidos. O explosivo testemunho prestado em comissão mista do Congresso foi considerado de "relevância nacional".

Pode-se dizer, sem medo de errar, ter Valacchi dado uma colaboração preciosa. Ele contou sobre a estrutura organizacional da Cosa Nostra, deu os nomes dos chefes e relacionou vários crimes consumados. Serviu de inspiração para a construção de uma moderna política norte-americana de enfrentamento e de contraste à criminalidade organizada, que, por ser rica, tinha força corruptora.

A partir daí, como exemplo, foram promulgadas algumas leis fundamentais: (a) Lei Ricco, de 1970, a colocar fim ao segredo bancário e estabelecer dever de vigilância das instituições bancárias: fixou-se a obrigatoriedade de prestação de informações quando as transações bancárias ultrapassassem o limite monetário estabelecido como teto. E mais, estabeleceu-se um valor determinado de porte de papel-moeda em travessias entre estados federados; (b) lei para interceptações telefônicas e escutas ambientais; (c) lei de proteção a colaboradores da Justiça: em julho de 1984, Tommaso Buscetta, colaborador da

Justiça norte-americana e da Justiça italiana, recebeu proteção em território americano, onde residiu com a mulher e o filho até a sua morte (em abril de 2000). Seu filho acabou morrendo anos depois, em acidente de motocicleta, mas a esposa, Maria Cristina de Almeida Guimarães, ainda reside nos Estados Unidos; (d) sequestro cautelar de bens; (e) imunidade e substituição do princípio da obrigatoriedade da propositura de ação penal pelo da disponibilidade; (f) *plea bargaining* (negociação) para todas as infrações criminais.

O relato de Valacchi foi muito criticado por criminalistas, bem como por especialistas da sociologia criminal. Chegou-se a falar na possibilidade de manipulação de delatores, o que, evidentemente, é possível num sistema sem fiscalização pelo Ministério Público.

Dentre os céticos do instituto do direito premial na forma de colaboração de Justiça, podem ser citados Joseph Albini, Dwight Smith e Gordon Hawkins.[7] Esses autores e suas obras foram mencionados em conferência realizada no Palazzo dei Normanni, em Palermo, no ano de 1994, pelo sociólogo italiano Pino Arlacchi, professor titular da Universidade de Sassari, já senador italiano, vice secretário-geral das Nações Unidas e titular do escritório da ONU sobre drogas ilícitas e outros crimes.

---

7 Ver Albini, *The American Mafia: Genesis of a Legend*; Smith Jr., *The Mafia Mystique*; e Hawkins, God and the Mafia, *The Public Interest*, n.14, 1969, p.24-51.

Arlacchi[8] observou o seguinte sobre o polêmico caso Valacchi:

> A dúvida dos estudiosos constitui um capítulo do conflito ideológico, e da profunda antipatia recíproca, instaurada nos anos 1960 e em prosseguimento nos dez sucessivos, entre uma comunidade de intelectuais de orientação liberal, de um lado, e, de outro, um aparato de polícia muito potente e muito conservador, como o FBI, além da imprensa e das Comissões do Congresso.[9]

Dez anos depois do caso Valacchi, em Palermo, em março de 1973, o mafioso Leonardo Vitale procurou policiais da Esquadra Móvel da cidade e se declarou membro de uma sociedade secreta denominada Cosa Nostra. Revelou crimes e indicou seus autores e os mandantes.

Como aconteceu com o médico mafioso Melchiore Allegra em 1937, a delação de Vitale não foi considerada, ninguém acreditou nele – ou fingiram não acreditar. Por perícia médica, ele acabou classificado como pessoa delirante, mística, mitômana e com sérios problemas psiquiátricos.

A confissão valeu apenas para a sua condenação. Todos os apontados corréus foram absolvidos, uma vez que, pela prova processual, só havia contra eles a palavra de Vitale. Com base no laudo pericial, Vitale foi considerado semi-imputável e, pela Justiça, sancionado com onze anos de custódia fechada.

---

8 Também autor do já clássico *La Mafia imprenditrice: l'etica mafiosa e lo spirito del capitalismo.*

9 Arlacchi, *I collaboratori di Giustizia: legislazione ed esperienza a confronto,* p.32.

O mafioso foi segregado em março de 1973 e saiu do estabelecimento de custódia em dezembro de 1984, ou seja, depois de dez anos e nove meses. Livre, a primeira coisa que fez foi ingressar numa igreja e assistir à missa. Na saída, foi metralhado e morreu ali mesmo, na escadaria.

Cumpriu-se outra secular regra da ética ambígua mafiosa: "a Cosa Nostra siciliana tem memória de elefante, não esquece nunca".

A difícil luta antimáfia: de Palermo a Corleone

Perfis

Destaquemos agora alguns fatos que demonstram as dificuldades da luta antimáfia.

Já falamos bastante sobre fatos que fizeram que Palermo fosse conhecida no passado não muito distante como a capital da Máfia. A cidade já chegou, via pressão da Máfia, a eleger um prefeito mafioso: a Máfia influenciou o município a eleger Vitto Alfio Ciancimino (1924-2002), nascido na cidade de Corleone e filiado à Democracia Cristã.

É o momento de falar, pois, da pequena e montanhosa cidade de Corleone, de menos de 2 mil habitantes, onde nasceram alguns dos mais destacados chefões mafiosos. A cidade teve inclusive o nome usado pelo escritor Mario Puzo para dar vida ao célebre personagem Vito Corleone, de *O poderoso chefão*. Vamos citar alguns desses *capos*.

MÁFIA, PODER E ANTIMÁFIA

O médico <u>Michelle Navarra</u> (1905-1958), *capo* da *famiglia* mafiosa de Corleone. O médico Navarra era conhecido em Corleone pela alcunha de *ù Patri Nostru* (o pai nosso). Até a sua morte, trabalhou como diretor-geral do hospital de Corleone. Uma placa de bronze, recém-tirada por ordem do arcebispo Michele Pennisi, de Monreale, registrava o nome de Michelle Navarra num banco de madeira doado por ele à igreja matriz de Corleone: "Dott. Michele Navarra".

<u>Luciano Liggio</u> (1925-1993) destacou-se como *capomafia* depois da Primeira Guerra Mundial. Era mitômano e sanguinário. Em juízo e no cárcere, apresentava-se como artista e dizia-se um grande pintor.

Antes da reforma penitenciária que resultou na introdução do artigo 41 bis, sistema de cárcere-duro, os mafiosos eram encarcerados no Ucciardone. Como tinham o controle do presídio e facilidades de toda ordem, os sicilianos passaram a se referir ao presídio como Hotel Ucciardone, de 5 estrelas.[10] Liggio, no Ucciardone, escalava o já citado Gaspare Mutulo (1940-) para pintar os quadros que falsamente dizia ser de sua autoria.

---

10 A título de comparação, o PCC controla vários cárceres e, em rebeliões, usa presos como massa de manobra. A última ousadia do PCC ocorreu em 19 de janeiro de 2020, no presídio da cidade paraguaia de Pedro Juan Caballero. Montou-se um exitoso plano de fuga para cerca de quarenta afiliados, resultando em um total de 75 fugitivos. Note-se que, no Rio e nos casos de prisões em flagrante, preventiva ou temporária, a autoridade policial indaga do custodiado a respeito da facção criminosa a que pertence. Para evitar riscos, manda o encarceramento ser realizado em presídio sob domínio da facção a que afirmou pertencer o custodiado.

O já mencionado <u>Salvatore Riina</u> (1930-2017), conhecido por Totò Riina, foi o mais sanguinário dos chefões mafiosos: falamos de oitocentos homicídios. Nos autos do célebre maxiprocesso contra a Máfia, o *capo dei capi* (chefe dos chefes), Riina, foi definido por Tommaso Buscetta da seguinte maneira: "As bestas não raciocinam, vivem dos instintos. Ele, não. Riina raciocinava, e como! Totò Riina é simplesmente a reencarnação de Átila. Onde Riina passou levou a destruição: na Máfia, na política e entre as pessoas de bem".[11]

No seu primeiro dia de Ucciardone, Gaspare Mutulo, quando não era membro da Cosa Nostra, sentiu fome. Esmurrou as grades pedindo por comida, sem sucesso. No dia seguinte, foi transferido para a cela de Totò Riina, que lhe ofereceu uma lauta refeição e o aconselhou a não pedir aos guardas, mas a ele, Totò, tudo que necessitasse.

Mutulo passou, no cárcere, a ser o parceiro de Riina nos jogos de baralho e, depois de solto, tornou-se seu motorista particular. Mais tarde, foi colaborador de Justiça e um dos acusadores de Riina. Não foi Mutulo, no entanto, mas o colaborador de Justiça (*pentito*, o criminoso arrependido) Baldassere Di Maggio, quem indicou o esconderijo de Riina, numa luxuosa *villa* na aristocrática via Bernini, 54.

Mutulo também não manteve contatos com "*il capitano Ultimo*", o chefe da esquadra policial Crimor (Squadra Speciale dei Carabinieri del Ros – Raggruppamento Operativo

---

11 Buongiorno, *Totò Riina: la sua storia*, p.145, p.150.

MÁFIA, PODER E ANTIMÁFIA

Speciale). A Crimor, do "*capitano* Ultimo", prendeu Riina no dia 15 de janeiro de 1993.

A respeito do capitão Ultimo, escreveu a magistrada Ilda Boccassini: "Se faz chamar de Ultimo porque recusa prêmios e promoções e quer afrontar a Cosa Nostra a seu modo, como sendo o 'último', com os seus homens escolhidos entre os punidos e os postos de lado pela Arma [referência à armada dos Carabineiros, à qual pertence o capitão]. Não vivem em quartel, mas em clandestinidade e segredo, como a organização que combatem".[12]

Depois de muito tempo e em outra função de relevo (área ambiental e combate à Ecomáfia), o "*capitano* Ultimo" saiu do anonimato. Hoje se sabe que se trata de Sergio De Caprio, atualmente coronel que, como voluntário, atua em auxílio a projetos focados em pessoas necessitadas. O capitão Ultimo estava no comando da operação de prisão de Totò Riina – não era dele a responsabilidade pela interdição e pelo lacre da residência do mafioso, o que foi feito depois de uma semana da prisão e quando a Máfia já havia esvaziado completamente a casa.

O palermitano Tommaso Buscetta (1928-2000) passou longos períodos no presídio Ucciardone. Na segunda guerra da Máfia, quando seu grupo perdeu a direção e o governo da organização para os corleoneses de Totò Riina, Buscetta voltou a se esconder no Brasil.

---

12 Torrealta, *Ultimo, il capitano che arrestò Totò Riina*, p.9-18.

Bem sabia Buscetta da estratégia dos corleoneses de Riina. Ele morreria caso permanecesse na Sicília. A respeito da estratégia, o então magistrado Antonio Ingroia, em introdução ao livro intitulado *La Trattativa*, do jornalista Maurizio Torrealta, contou, com a sua conhecida autoridade no tema: "[...] dupla e contextual estratégia. De uma parte, zerar os adversários internos, iniciando a chamada 'guerra *de* Máfia', que, na realidade, nada mais foi que uma unilateral estratégia de extermínio alinhada com as eliminações dos chefões Stefano Bontate e Salvatore Inzerillo. E, de outra parte, a decapitação dos responsáveis político-institucionais palermitanos e regionais".[13]

Em duas ocasiões distantes no tempo, Buscetta foi preso no Brasil e extraditado à Itália. No Brasil, na segunda fuga, ele se casou com a carioca Maria Cristina Guimarães, filha de um advogado trabalhista respeitado que fora torturado durante a ditadura militar brasileira. Conhecido no meio mafioso como "*boss* dos dois mundos", Buscetta, que nunca foi um chefe da Cosa Nostra, nem *capo* de *famiglia* mafiosa (era membro da *famiglia* mafiosa de Porta Nova), transformou-se em importante colaborador das justiças da Itália e dos Estados Unidos, onde morreu de câncer, em 2 de abril de 2000.

Riina foi o mais destacado *capo dei capi* da Cosa Nostra siciliana. Ele teve a ousadia de declarar guerra ao Estado nacional e perpetrar ataques à bomba em Roma, Milão e Florença. Morreu no cárcere, de câncer. Dado o seu precário estado de

---

13 Torrealta, *La trattativa* (Introduzione), p.23.

MÁFIA, PODER E ANTIMÁFIA

saúde, requereu um provimento judicial humanitário de modo a falecer na residência de sua família em Corleone. O pedido não foi acolhido porque Riina, já em estado terminal, teve interceptada uma mensagem em que ordenava a eliminação de um magistrado de Palermo.

Como autêntico mafioso, Riina jamais confessou. Nunca delatou mafiosos e silenciou a respeito das relações entre Máfia e política. Em síntese, reforçou a convicção de que um mafioso nunca fala sobre a organização.

O corleonês <u>Bernardo Provenzano</u> (1933-2016) foi apelidado por seus pares mafiosos de Binnu, ù Tratturi (Bernardo, o trator). Com a prisão de Riina, em 15 de janeiro de 1993, a organização passou pelas mãos de Leoluca Bagarella (1942-, cunhado de Riina e considerado o "ministro da guerra" da Máfia) e de Provenzano.

O prefeito mafioso de Palermo, Vito Ciancimino, aconselhava-se com Provenzano. Para evitar risco de ter seu esconderijo descoberto, Provenzano mandava ordens cifradas e datilografadas numa velha máquina de escrever. Como conhecia o sistema ferroviário, usava de inspiração para realizar, nas estações, a entrega dos bilhetes (*pizzini*). Para isso, movimentava várias pessoas, como se estivessem em vias de embarcar.[14]

Para se ter ideia do que representa o controle de território pelo crime organizado, convém recordar o fato histórico de Provenzano ter permanecido como foragido da Justiça por

---

14 Palazzolo; Prestipino, *Il Codice Provenzano.*

mais de 21 anos – e sem tirar os pés da Sicília. As autoridades policiais apenas tinham dele a fotografia do tempo de seu alistamento no serviço militar, aos 18 anos.

Riina, por sua vez – e também sem tirar os pés de Corleone e de Palermo –, foi dado como foragido em 8 de julho de 1969 e preso apenas em 15 de janeiro de 1993. Ambos, Provenzano e Riina, morreram de morte natural, em hospital de cárcere de segurança máxima e onde cumpriam penas de prisão perpétua.

Com efeito, sem mudança cultural é impossível enfrentar esse fenômeno antissocial. Em Palermo, o trabalho de mudança produziu efeito significativo nas pessoas. O escurecer do dia levava todos a se recolher nas residências. Isso mudou: os cidadãos saem, lotam os cinemas, teatros, bares, restaurantes e sorveterias. Convivem e desfrutam da cidade.

Esforços antimáfia

A origem do fenômeno mafioso siciliano perde-se no tempo e a Máfia passou por transformações. Por exemplo, tivemos a Máfia rural de proteção a latifúndios. Pela força da *lupara* (arma de fogo usada na caça a lobos, o *lupo*), a Máfia logrou silenciar definitivamente vozes levantadas em favor da reforma agrária.

A esse respeito, lembra Umberto Santino, um dos maiores estudiosos do fenômeno mafioso, fundador e presidente do Centro Siciliano di Documentazione Giuseppe Impastato, primeiro centro italiano de estudos e documentação sobre a Cosa Nostra:

MÁFIA, PODER E ANTIMÁFIA

Na história das lutas sociais contra a Máfia, podemos individualizar três fases distintas em razão de algumas características específicas: (1) a primeira fase começa com os denominados "*Fasci siciliani*" (1891 a 1894) e vai até o segundo pós-guerra, anos 1940 a 1950; (2) a segunda abraça os anos 1960 e 1970; (3) a terceira vai dos anos 1980 até os dias atuais. [...] Na primeira fase, a luta antimáfia se apresenta com o particular aspecto de luta de classe e em favor da democracia na Sicília e, em particular, transcorre na Sicília ocidental, área onde historicamente se formou e desenvolveu a Máfia. O protagonista dessa luta foi, no começo, o movimento político-sindical: uma espécie de "fonte-nascente" de sindicatos e partidos. A nossa história começa com os "Fasci siciliani" e continua com as lutas camponesas até os anos 1950. Essas lutas consumaram-se duramente com os proprietários agrícolas e com os grandes arrendatários [*gabelotti*] ligados à Máfia, que recorriam aos assassinatos e às chacinas a fim de reprimir qualquer tentativa de conquista aos seus domínios.

[...] Na segunda fase, a luta contra a Máfia foi conduzida pelas forças políticas de oposição e por pequenas minorias ligadas a alguns dos grupos da "nova esquerda", formada depois do ano de 1968.

[...] Nos anos 1980, em especial depois do "delitto Dalla Chiesa", são desenvolvidas iniciativas diversas (debates, seminários, abaixo-assinados, passeatas, procissões, espetáculos). São formados centros, associações, comissões, grupos formais e informais, ligas de coordenações etc., e entram em jogo vários sujeitos (estudantes, professores, intelectuais, comerciantes, religiosos, homens das instituições, cidadãos comuns). O movimento antimáfia assume dimensão de massa (ao menos em algumas manifestações) e se apresenta como uma forma de empenho civil a se difundir em várias regiões da Itália. Não é mais o conflito de classe a mola que faz disparar a mobilização, mas a indignação pela arrogância mafiosa, que se expressa por delitos a golpear os mais representativos homens das instituições e que se opõe à expansão do fenômeno mafioso, em nome do Estado, que, porém, os condena ao isolamento e os expõe à retorsão violenta. Com a indignação, abre-se caminho para o conhecimento de que o fenômeno mafioso não é mais limitado a uma pequena área da cidade e se constitui num atentado continuado à vida democrática.[15]

O centro cultural presidido por Umberto Santino leva o nome de Giuseppe Impastato, conhecido como Peppino Impastato. Peppino, nascido na siciliana Cinisi em 5 de janeiro de 1948, era um jornalista e ativista antimáfia. Em razão das denúncias feitas por escrito e difundidas pela sua rádio, foi morto pela Máfia em 9 de maio de 1978, a mando do *capomafia* Gaetano Badalamenti, da *famiglia* mafiosa de Cinisi.

Peppino contou cem passos de distância entre sua residência e a do sanguinário Gaetano Badalamenti, membro do governo da Cosa Nostra e chefe da família mafiosa de Cinisi. Impastato, por sua rádio em Cinisi, denunciara as ações da Máfia, especialmente as concorrências públicas viciadas em favor de mafiosos. Revelou a aliança mantida pela Máfia com os políticos. Foi sequestrado e feita uma simulação: a Máfia, em plano de Badalamenti, tentou montar um cenário de suicídio de Peppino Impastato, fazendo parecer que um trem teria destruído seu corpo. Uma perícia inicial, manipulada pela Máfia, atestou o suicídio. Uma nova perícia mostrou, no entanto, ter sido Peppino amarrado nos trilhos: homicídio. Hoje, em Palermo, funciona o Centro Impastato, dirigido Umberto Santino, um dos maiores especialistas em estudos sobre o fenômeno mafioso.

---

15 Santino, *Storia del movimento antimafia: dalla lotta di classe all'impegno civile*, p.12-3.

O premiado filme *Cento passi* (a distância entre a casa de Impastato e do poderoso *capomafia* Badalamenti) conta a tragédia, agravada pelo fato de o pai de Peppino Impastato defender os mafiosos.

Na segunda guerra da Máfia, Badalamenti fugiu para o Brasil. Não quis se estabelecer no Rio de Janeiro, junto com Tommaso Buscetta. Rumou então para os Estados Unidos para traficar drogas, com apoio da Cosa Nostra norte-americana. Preso naquele país e condenado a mais de sessenta anos de pena, morreu idoso no cárcere. Foram marcantes as videoconferências que se realizaram na época, a conectar Badalamenti, no presídio americano, com a sala de audiências do Palácio de Justiça de Palermo. Badalamenti, voz e imagem, ao vivo e em cores, falou aos jurados que estavam em Palermo, na audiência de julgamento. Negou tudo, falou bastante. Não convenceu e foi condenado.

Ainda sobre a questão da mudança cultural, merece algumas linhas o projeto de "polícia pacificadora" do Rio de Janeiro, desenvolvido pela Secretaria da Segurança Pública, quando dirigida pelo secretário José Mariano Beltrame, experiente e honrado delegado da Polícia Federal.

Beltrame criou e implantou unidades de polícia pacificadora (UPP), com trabalhos comunitários apoiados por organizações não governamentais. A meta era mostrar aos cidadãos a presença do Estado, desenvolver ações sociais e readquirir a confiança nas comunidades dominadas. Em resumo, reconquistar territórios do Estado, de modo a colocar fim à indesejada secessão.

O corrupto ex-governador desse estado federado, Sérgio Cabral, descaracterizou o projeto e o explorou para finalidade eleitoreira. Por isso, fracassou a política de segurança pública por meio de UPPs. Houve desvirtuamento a partir da intromissão do então governador, hoje condenado e com sanções que, somadas, ultrapassam 150 anos de prisão.

A Libera

Como exemplo de iniciativa poderosa na luta antimáfia, é importante registrar algumas palavras sobre a Libera. Coube ao padre don Luigi Ciotti, de muita coragem e prestígio em toda a Itália, criar, a partir do grupo que fundou, o Abele,[16] a "Libera – Associazioni Nomi e Numeri contro le Mafie". A Libera funciona como uma rede de organizações não governamentais e antimáfias.

Na lei italiana sobre apreensão e perdimento de bens de mafiosos existe, graças ao esforço de don Ciotti, a possibilidade de o bem ter destinação civil. Em novembro de 2006, como anunciado no *site* do Instituto Brasileiro Giovanni Falcone, a associação Libera anunciou, em presença do então *premier* italiano Romano Prodi, a criação de uma agência para gestão dos bens confiscados às máfias.

Várias cooperativas existem que, em prol do interesse social, exploram comercialmente os bens tirados dos mafiosos.

---

16 Ver *site* disponível em: <https://www.gruppoabele.org/>.

Em propriedades agrícolas de mafiosos com oliveiras e uvas, incluída a confiscada de Totò Riina, extrai-se óleo de oliva e se produz vinho. Parte da produção do vinho e do óleo é distribuída às igrejas e usada em ritos cristãos, por exemplo o vinho nas missas e no rito da transubstanciação.

7
ESTADO E MÁFIA

Tratativas Estado-Máfia

Em um Estado de direito existem regras imperativas, que não podem ser descumpridas ou esquecidas. O combate à criminalidade organizada precisa ser legítimo (constitucionalmente admitido) e realizado sem ofensa às leis. Não existem rotas alternativas de escape. Como disse Cícero, no ano 70, "somos servos da lei para podermos ser livres".

Fora da legalidade, tratativas com a criminalidade organizada não são, em princípio, admissíveis e são normalmente contraproducentes. Exemplo disso é o já mencionado caso dos ataques promovidos pelo PCC na capital e no interior do estado paulista no arco temporal de 12 a 17 de maio de 2006. Falou-se então de uma possível tratativa voltada à cessação dos ataques criminosos. A iniciativa teria sido de um estado federado enfraquecido, e com campanha presidencial a se iniciar. Um dos indícios disso foi o uso de avião exclusivo do governador do Estado, com funcionários e agentes do governo como passageiros, em deslocamento de emergência até cidade distante, próxima ao presídio onde estavam custodiados os líderes do PCC, o que teria sido feito para a celebração da tratativa. Tais representantes não tinham outra coisa a fazer naquela cidade e nunca se apresentou a motivação da viagem.

Hoje, o PCC já invadiu países fronteiriços e conta com bases no Paraguai e Bolívia. Continua em expansão e poderá, se não for enfrentado corretamente, transformar-se de organização pré-mafiosa em organização mafiosa, transnacional e não mais transfronteiriça.

A Itália (que é um Estado unitário, diferentemente do Brasil, que é uma federação), até o momento não teve resolução definitiva sobre tratativas e *papelli* (papéis com propostas de acordo) entre Estado e Máfia. Já se fala que Totò Riina, depois de haver selado a tratativa para encerrar a guerra que a Cosa Nostra siciliana deflagrou contra o Estado italiano, teria, num surto de onipotência, ordenado a execução do magistrado Paolo Borsellino.

Muitos asseguram, e indícios existem, de que a famosa Agenda Rossa, subtraída da bolsa de Borsellino imediatamente depois do atentado, continha anotada a suspeita do magistrado de que estivesse ocorrendo uma ilegítima e ilegal tratativa entre Estado e Máfia. Foram muitas as manifestações de Borsellino, ao longo da sua carreira, contra qualquer tratativa com a Máfia. Há quem diga ter sido ele morto por essa oposição, pelas suspeitas que levantou e denunciou.

Ainda sobre tratativas, convém dar um passeio pelo túnel do tempo, com parada em 9 e 10 de junho de 1943. Essas datas

Lucky Luciano, 1936.

marcam, no curso da Segunda Guerra, o desembarque das tropas aliadas na Sicília e o início da libertação da Itália do fascismo.

Lucky Luciano, que morou na cobertura do suntuoso hotel Waldorf Astoria, o cinco estrelas mais famoso do mundo à sua época, estava preso desde 1931. Cumpria condenação a sessenta anos de reclusão. Diante desse quadro, nunca mais voltaria a contratar orquestras para animar suas festas dadas no Waldorf, com presença de políticos, juízes e outras autoridades: um jovem cantor aparecia por lá para cantar e dizem ser Frank Sinatra, cuja vinculação com a Cosa Nostra norte-americana era notória.

Em razão de os aliados precisarem de desembarque seguro, descobriu-se que só a Máfia siciliana poderia garantir isto, com a vantagem de a organização criminosa ter sido pesadamente reprimida por ordem expressa do ditador Benito Mussolini. Então, como num passe de mágica, volta à cena Lucky Luciano, ou melhor, o siciliano Salvatore Lucania, nascido em Lecara

Friddi em 1897, tendo partido com os pais para os Estados Unidos em 1906.

Luciano foi criado em Nova York e lá fundou, como já vimos, a Cosa Nostra norte-americana. Além dele, figuravam como intermediários na tratativa entre Forças Aliadas e Máfia outros chefões da Cosa Nostra sículo-americana, como Frank Costello e Vito Genovesi (que teria servido de inspiração ao *bestseller O poderoso chefão*, de Mario Puzzo).

Além de interessar à Máfia siciliana, a tratativa seria benéfica aos separatistas sicilianos, liderados por Andrea Finnocchiaro Aprile, homem público não mafioso. Em território siciliano, quem atuou para garantir desembarque seguro das tropas foi o mafioso Calogero "don Calò" Vizzini. Don Calò era antifascista e, por isso, havia sido perseguido pelo regime. Depois do desembarque vitorioso, don Calò foi nomeado prefeito de Villalba pelas forças militares norte-americanas.

O desembarque, como contam os historiadores e registram os documentos, foi um sucesso absoluto. Com lanternas, os "soldados" mafiosos indicavam e iluminavam os caminhos seguros. Eles mostravam aos soldados aliados um lenço branco, com um "L" desenhado em carvão preto. Para os aliados, o "L" do lenço era de Liberty. Para os mafiosos, o "L" era mesmo de Lucky Luciano.

Na obra intitulada *Mafia: album di Cosa Nostra*, o jornalista Felice Cavallaro, que há décadas cobre para o jornal *Corriere della Sera* o fenômeno mafioso siciliano, reuniu fotos históricas. Por exemplo, a do coronel Charles Poletti. A respeito de Poletti,

MÁFIA, PODER E ANTIMÁFIA

registra Cavallaro: "Poletti foi o procônsul americano que mante-
ve os contatos entre os Aliados e os 'uomini d'onore' na Segunda
Guerra Mundial". No mesmo livro, estão fotos de Calogero
Vizzini, "potentíssimo *capomafia*" e de Andrea Finochiaro Aprile.
Finochiaro "foi o líder do movimento separatista que desejava
a Ilha independente e como o 49º estado norte-americano".[1]

As autoridades norte-americanas, em cumprimento à tratativa celebrada com a Cosa Nostra, expulsaram Lucky Luciano
do seu território em 1946. Justificativa: colaboração com os
Aliados e motivo de saúde. O lugar acertado para sua permanência em liberdade foi Nápoles, onde Luciano residiria até falecer, em 1962. Se tivesse de cumprir os sessenta anos da pena
de prisão, teria morrido em cárcere norte-americano.

Nos Estados Unidos, a Cosa Nostra, quando capitaneada
por Luciano, foi engrossada por chefes mafiosos que fugiram
da Sicília em razão de forte repressão fascista. À época do fascismo, a repressão à Máfia era comandado por Cesare Mori,
morto em 1947 e apelidado de "homem de ferro".

Mori, o braço direito de Mussolini para contrastar a Máfia,
é sempre lembrado por ter escrito que "a Sicília não ocasionou
o problema da segurança pública; foi vítima dele, ou melhor, o
sofreu, pois foi pregada como Cristo na cruz. Não sem Pilatos.
Sobre este, com um particular: enquanto para Cristo o Pilatos
foi só uma pessoa, para a Sicília os Pilatos foram muitos".[2]

---

1 Cavallaro, *Mafia: album di Cosa Nostra*, p.13-5.
2 Mori, *Con la Mafia ai Ferri corti*, p.14.

Poderosos e potentes *versus* Mani Pulite

Em 2020, o cenário criminal planetário se mostrou propício à adoção de algumas mudanças terminológicas, devido à existência de um degrau ao lado daquele tradicionalmente ocupado pela criminalidade de matriz mafiosa e transnacional. É o degrau da criminalidade dos poderosos e potentes. Os poderosos seriam os detentores de parcela significativa do poder do Estado —por exemplo os políticos, governadores, deputados, senadores, magistrados, prefeitos. Atenção: aqui se fala de órgãos de poder e não de agentes do poder. Para explicar isso melhor e sem rodeios, falamos daqueles infiéis que não honram o compromisso constitucional de servir honestamente. Aqueles que se transformaram de servidores públicos, tomado o termo em sentido lato, em servidores dos seus "bolsos" – os que se corrompem.

Quanto aos criminosos potentes, seriam eles os detentores de força econômica. Os que conseguem se transformar em parasitas do Estado: sugadores do Estado, via negociatas e emprego de poder corruptor (corrupção ativa).

Como os degraus se comunicam, a meta dessa modalidade de criminalidade especial de poderosos e potentes, que é bem diferente da perseguida por quadrilhas, bandos e máfias, não se reduz à obtenção de vantagens econômicas, patrimoniais. Poderosos e potentes usam o Estado democrático como fachada. O objetivo, mantida a fachada, é transformar a democracia em cleptocracia: o poder dos "ladrões", tomado esse termo em sua acepção ampla, popular.

MÁFIA, PODER E ANTIMÁFIA

Roberto Scarpinato, magistrado antimáfia da linha de frente, adverte que na Itália a criminalidade dos potentes é sustentada em três vertentes: a corrupção sistêmica, a Máfia e os massacres para fins políticos.[3] Na península, a partir de 17 de fevereiro de 1992, quando começou a denominada Operação Mãos Limpas (Mani Pulite em italiano), veio à luz a corrupção na política partidária, a envolver políticos, dirigentes de agremiações partidárias e empresários.

Como escreveu à época o respeitado e pranteado jornalista Enzo Biagi, "os pessimistas pensavam que a Itália estivesse doente de câncer; na verdade, o diagnóstico correto é metástase".[4]

Nesse contexto, voltemos a Palermo para relembrar as ligações entre o mundo político, o empresarial e a Cosa Nostra siciliana. Tivemos condenações de políticos por associação mafiosa: um dos processos referiu-se, como já vimos, a Giulio Andreotti. Salvou-se o senador vitalício Andreotti pela prescrição do crime, mas não se salvou o partido da Democracia Cristã, varrido pela Operação Mãos Limpas de Milão da vida política peninsular.[5]

A Mãos Limpas deixa muito clara a atuação de poderosos e potentes, havendo desnudado a corrupção na política partidária italiana. Iniciada em 17 de fevereiro de 1992, gerou apurações e processos em Milão.

---

3 Lodato, Scarpinato, *Il ritorno del principe: la criminalità dei potenti in Italia*, p.6.
4 Andreoli et al. (orgs.), *Tangentopoli: le carte che scottano*.
5 Caselli, *Un magistrato fuori legge*, p.59-104.

O primeiro a entrar em cena foi Mario Chiesa, filiado ao Partido Socialista Italiano (que era liderado pelo primeiro-ministro Bettino Craxi, falecido na Tunísia, para onde fugiu da Justiça italiana em 19 de janeiro de 2000). Pelas mãos do Partido Socialista, igualmente tirado da vida política por força da Operação Mãos Limpas, o engenheiro Chiesa foi nomeado para administrar e dirigir o Pio Albergo Trivulzio, um megacomplexo sanitário para idosos em funcionamento desde o ano 1700.

Em geral, Chiesa exigia propinas (*tangenti*) dos fornecedores e prestadores de serviços. Um deles foi Luca Magni, proprietário de empresa sediada em Monza e especializada em limpeza, de quem o administrador socialista começou a exigir valores elevados para renovação contratual. Sem poder mais pagar o valor exigido, Magni procurou o capitão carabineiro Zuliani e por ele foi levado ao procurador Antonio di Pietro. Preso em flagrante, Chiesa ficou custodiado no cárcere San Vittore, de Milão.

Pelos jornais e telejornais, Chiesa foi reprovado por Bettino Craxi, que o chamou de *mariuolo* (malandro). Negou que as propinas tivessem como destino o partido. O termo "*mariuolo*" foi arrasador. Depois de uma semana de cárcere, a esposa de Chiesa apareceu sozinha em uma visita dominical. Os filhos menores não quiseram acompanhar a mãe. Na escola, já eram chamados pelo designativo dado por Craxi ao pai: *mariuolo*. Não queriam mais ir às aulas.

Chiesa, então, confessou tudo ao procurador Di Pietro e posteriormente no processo criminal. Sua frase correu o

MÁFIA, PODER E ANTIMÁFIA

mundo: "Aqui, todos roubamos assim". Chiesa referia-se à Itália e aos partidos. Ficou provado que parte do arrecadado por Chiesa ia para o partido e a outra parte para uma conta na Suíça. E Chiesa tinha pretensão de ser prefeito de Milão.

Antes de fugir para a Tunísia, ainda no Parlamento italiano, Craxi fez seu último discurso e pediu para que ficassem em pé os deputados de partidos que não tivessem recebido propinas para fim eleitoral. Só não fez menção de que, na Itália, a lei estabelecia o financiamento público. Como chegou a afirmar perante os magistrados do Ministério Público um alto dirigente partidário, "A política custa muito. Os partidos políticos são como máquinas de comer dinheiro (*mangia-soldi*). A lei sobre financiamento público de partidos e campanhas foi batizada como a lei mais hipócrita feita pelo Parlamento. Isso porque todos sabem que os recursos públicos distribuídos aos partidos políticos eram só uma gorjeta, um aperitivo".

Na Operação Mãos Limpas, sob coordenação do saudoso e respeitado procurador Francesco Saverio Borelli, todos os procuradores ficaram conhecidos e passaram a ser admirados pelos cidadãos. A Itália inteira sabia seus nomes de cor. Eram reconhecidos nas ruas. Davam entrevistas diárias aos canais televisivos e às rádios.

O contrário aconteceu com os magistrados judicantes. Nenhum juiz italiano em função judicante ficou conhecido. Não houve protagonismo por parte dos julgadores. Até porque, em primeiro grau (primeira instância), atua, pela organização judicial italiana, um órgão colegiado. No caso, o Tribunal de Milão.

Em segundo grau, atua outro órgão colegiado, o Tribunal de Apelação. Em terceiro e último grau, a Corte de Cassação (equivalente no Brasil ao Supremo Tribunal Federal). No Brasil, como se sabe, e todos acompanharam por força da Operação Lava Jato, atua, em primeiro grau, um órgão monocrático: o juiz de Direito.

A Operação Mãos Limpas durou de 1992 até 2002. Inspirou a ONU a realizar a Conferência de Mérida contra a corrupção. Corrupção que causa dano econômico, provoca corrosão no sistema democrático e gera degradação ético-moral. Lutar contra a corrupção está ínsito no direito de cidadania.

Em uma das melhores obras sobre a Mani Pulite, encontramos dados significativos. Foram investigados 5 mil suspeitos. Do universo dos investigados, foram formalmente acusados e se tornaram réus 3.200. Destes, frise-se, restaram condenados 1.254 réus. Os absolvidos somaram 429. Chamou a atenção o número elevado de prescrições: 424, alcançando o porcentual de 23%. Como destacado pelos autores, "um em cada quatro réus" tiveram extinta a punibilidade, pela prescrição".[6]

Quanto a Craxi, morreu em 19 de janeiro de 2000, como foragido da Justiça, em decorrência de complicações cardíacas: "Quando morreu Craxi, tinha já colecionado duas condenações definitivas a 10 anos de reclusão (5 anos e seis meses por corrupção no caso Eni-Sai e 4 anos e seis meses por financiamento ilícito da Mm), além de outras condenações ainda

---

6 Barbacetto, Gomes, Travaglio, *Mani Pulite: la vera storia*, p.674.

provisórias [...]. Sobre sua cabeça pendiam três ordens de prisão cautelar".[7]

Como aconteceu com a italiana Mani Pulite, a brasileira Operação Lava Jato surpreendeu pelo importe muito maior de dinheiro envolvido. Usando mais uma vez a expressão do saudoso jornalista Enzo Biagi, ambas as situações, italiana e brasileira, eram cânceres com metásteses.

---

7 Ibid., p.635.

8
POLÍTICA CRIMINAL E O PROBLEMA DAS DROGAS

No Brasil, pouco se fala sobre "política criminal". Os debates mais empolgantes em curso referem-se à política econômica, educacional, ambiental.

Basileu Garcia, saudoso professor da Faculdade de Direito da Universidade de São Paulo, antigo membro do Ministério Público estadual, dizia, apoiado em outros especialistas, ser a política criminal "a ciência e a arte dos meios preventivos e repressivos de que o Estado, no seu tríplice papel de Poder Legislativo, Executivo e Judiciário, dispõe para atingir o fim da luta contra o crime. Como ciência, a política criminal firma princípios e, como arte, aplica-os".[1]

A política criminal deve ser traçada à luz do interesse social, mas sem abrir mão de conquistas civilizatórias para que não se caia no populismo em tempos da escalada da criminalidade, nem se parta para os primitivismos das penas capital e perpétua. De outra parte, não podem ser esquecidos os ensinamentos capitais de Beccaria, precursor da humanização do direito

---

1 Garcia, *Instituições de Direito Penal*, v.1, t.1, p.37.

penal, e de Feuerbach, introdutor do direito penal moderno. Beccaria ressaltou que um dos freios inibidores da prática de delitos é a infalibilidade da pena. Na mesma linha, Feuerbach anotou ser a efetivação da pena (refere-se à execução e efetiva expiação) a maneira de se mostrar que a ameaça de punir da lei é séria.

Na obra *Dos delitos e da penas* (1764), Beccaria insistiu na moderação e proporcionalidade das penas, como fizera Montesquieu. Sobre a repressão, ensinou ser ela inevitável: "A perspectiva de um castigo moderado, mas inevitável, causará, sempre, impressão mais forte do que o vago temor de terrível suplício, em torno do qual se oferece a esperança da impunidade".[2]

Não se pode restringir a política criminal a aperfeiçoamentos do código penal. Ela é mais abrangente e transversal. O saudoso Dínio Sanctis Garcia, jurista, professor, magistrado de carreira, desembargador do Tribunal de Justiça de São Paulo, foi um dos críticos "à crença na onipotência da lei, e aos que supõem sejam lineares e unidirecionais as relações entre o Direito e a vida social".

Dínio Garcia recolheu, em Ernest H. Hirsch, o seguinte ensinamento: "Entre ambos os fenômenos cruzam-se dependências e influências mútuas. Em outras palavras, os fatos da vida social dos homens e as normas da ordem jurídica estão

---

2 Beccaria, *Dos delitos e das penas*.

em conexão funcional recíproca".[3] Na elaboração de uma política criminal devem ser sempre consideradas todas as ciências criminais, como a sociologia jurídico-criminal, a penologia, a psicologia criminal, a psiquiatria criminal, a antropologia criminal, a estatística penal, o penitenciarismo e a medicina legal. O professor alemão Gunter Kaiser, membro do famoso e respeitado Max Planck Institut de Friburgo em Brisgóvia, alerta para a confusão comum nesses processos: "No centro de gravidade da política criminal se fala sempre na renovação do direito penal, na reforma da administração da justiça penal e do sistema de penas. E várias vezes se consideram sinônimos a política criminal e a reforma do direito penal".[4]

Mais um alerta importante: a política criminal não se constrói na base do "copiar" e "colar". O desembargador Dagoberto Cunha Camargo, que dedicou a vida aos estudos criminais e foi um dos mais brilhantes magistrados da área, com passagem pela presidência da secção criminal do Tribunal de Justiça do Estado de São Paulo, ensinou: "É muito fácil legislar com uma tesoura, textos de lei e ensinamentos de autores estrangeiros. O difícil é adequar a lei à realidade nacional".[5]

---

3 Garcia, Comissão de juristas incumbidos de estudos para reforma penal, *Vade Mecum Saraiva*, p.27 (obra citada: *Das Recht im Sozialen Ordnungsgefüge*, Berlim, 1966).

4 Kaiser, *Introducción a la criminologia*, p.52.

5 Camargo, Agravo número 60.349-3, votação unânime, Terceira Câmara do Tribunal de Justiça de São Paulo.

Maconha e narcossalas

Como política criminal para enfrentar os traficantes e evitar o uso de drogas mais pesadas, a Holanda "tolerou" (foi o termo oficial usado e para evitar o "legalizou"), com base numa lei de 28 de novembro de 1968, a venda de erva canábica para consumo em *coffee shops*. Era vedado e sancionado criminalmente o consumo fora do estabelecimento licenciado.

O primeiro estabelecimento a vender a erva, no próprio ano de 1968, foi o café Sarasani, localizado na cidade de Utrecht. A experiência começou nessa cidade universitária e industrial, localizada entre Amsterdã e Roterdã. No início, podia-se vender, por dia, até meio quilo da *cannabis*. Cuidava-se de consumo lúdico, recreativo.

Mais tarde, quando para consumo medicinal, a nova política holandesa passou a permitir o plantio de até cinco vasos de maconha em cada residência. Fora isso, estavam autorizadas as chamadas Feiras da Maconha, e floresceu a indústria de acessórios. Como resultado, a violência caiu e os negócios, diretos e indiretos, aumentaram com o "*boom* da *cannabis*". O turismo canábico atraiu muitos visitantes e melhorou o produto interno bruto da Holanda.

Bem antes do Sarasani, e não só nos Países Baixos, já se pesquisava a economia movimentada pela *cannabis*: a "*cannabis economy*". Um dos pioneiros nesse campo foi Andy Davidson, que registrou serem as esterlinas dos jovens britânicos também gastas em entretenimento. Com a proibição das drogas, gasta--se com os acessórios em casa.

Um estudo sobre a *"cannabis economy"* afirma que ela movimenta na economia britânica ao menos 11 bilhões de libras esterlinas ao ano: 5% em consumo direto e 6% nos acessórios para o uso da erva.

Na Holanda, ainda a respeito da *"cannabis economy"*, observou-se quantidade grande de jovens casais de namorados que ficavam em casa durante o fim de semana usando maconha e gastando com televisão a cabo, *pay per view*, DVD. Um detalhe: a maconha abre o apetite e os namorados pediam *pizza*...

Pela venda de papel gomado, encontrado e vendido em todo o mundo, inclusive em bancas de jornal do Brasil, a britânica Imperial Tobacco constatou, nos anos 1970 e 1980, a queda da venda do "fumo picado de tabaco". O aumento nas vendas do papel gomado, no entanto, crescia em 16% e a palha cortada, tradicionalmente usada para embrulhar o fumo de tabaco picado, caia exponencialmente.

Depois da abertura do Sarasani e nos 35 anos que se seguiram (até novembro de 2003), a Holanda contabilizava mais de oitocentos cafés com oferta de maconha para ser fumada ludicamente.

No final dos anos 1990, políticos conservadores e proibicionistas formaram maioria e impuseram restrições. Por exemplo, para terminar com o chamado "turismo da maconha", os cafés só poderiam vender a erva para os holandeses. Na nova onda de política conservadora, cogitou-se até montar um banco de dados de usuários em toda a Holanda e expedições de "carteirinhas" identificadoras de consumidores, para apresentação nos cafés: a carteirinha precisaria ser exibida para que se pudesse consumir a *cannabis* nos cafés. A tal onda conservadora provocou uma queda no PIB e o "pé" conservador foi tirado do acelerador, mantido, no entanto, o discurso dos políticos ao eleitorado.

Outra política criminal no campo sanitário a deixar proibicionistas e conservadores com as orelhas em pé aconteceu na Suíça. O consumo de qualquer tipo de droga – e à época falava-se em droga leve e droga pesada – foi admitido em determinados parques das cidades helvéticas. Dessa vez, tratava-se de locais públicos abertos.

Essa política foi de fracasso retumbante. Os parques foram invadidos por usuários vindos de várias partes do mundo e que lá permaneciam sem recursos financeiros para isso. Esses espaços abertos ficaram inundados por traficantes. Até as prostitutas, que podiam comercializar o corpo nos parques, perderam espaço. À época, os preservativos comumente recolhidos pelo pessoal da limpeza cederam lugar a agulhas e seringas.

Como se diz no popular, um "cavalo de pau" trocou a política falida do consumo em locais abertos para espaços fechados, com controle pelas autoridades sanitárias, fornecimento gratuito de drogas em local seguro e políticas redutoras de danos. Data daí a política oficial das "salas seguras de uso", também

MÁFIA, PODER E ANTIMÁFIA

conhecidas por "narcossalas". Reproduzo aqui artigo de minha lavra publicado no jornal *Folha de S.Paulo* em 2004:

Durante anos o principal foco sobre o fenômeno das drogas proibidas era colocado na distinção entre países de oferta e de consumo. Hoje o enfoque é outro, a revelar posições inconciliáveis entre os conservadores das convenções da ONU e os progressistas reformistas. Os últimos reagem à intolerância dos conservadores com os usuários de drogas ilícitas e apoiam uma volta às políticas nacionais, ou seja, o abandono das convenções da ONU.

Nas convenções das Nações Unidas, os Estados de elevada demanda, localizados no Primeiro Mundo, ditaram as políticas para os do Terceiro Mundo, considerados produtores de drogas naturais e responsáveis pela sua oferta planetária. Assim, prevaleceram posturas de matriz colonialista, bem como os interesses hegemônicos, sustentados no truísmo, jamais invertido, de que sem oferta não haveria consumo.

Exemplo disso foi a Convenção de Nova York, realizada em 1961, de inspiração norte-americana e ainda em vigor. Ela adotou a linha da proibição, da militarização e da criminalização, considerando traficantes e usuários como delinquentes.

Essa convenção estabeleceu o prazo de 25 anos para a erradicação dos cultivos proibidos. Para garantir seu cumprimento, foi criado o International Narcotics Control Board (INCB), que denunciou a Alemanha pelo fato de sua lei nacional permitir as *"safe injection rooms"*.

Com efeito, o largamente experimentado modelo conservador continua a produzir mais vítimas do que resultados. Um está numa das últimas eleições nos EUA. Cerca de 1 milhão de cidadãos, com penas já cumpridas, trabalhando e recolhendo impostos, não puderam escolher entre George W. Bush e John Kerry porque tinham sido condenados por delitos não violentos, relacionados às drogas. Em outras palavras, nos EUA, um cigarro de maconha pode cassar o direito à cidadania.

Além disso, o modelo gerou países com economia e PIB dependentes das drogas proibidas. Desde a Assembleia Especial da ONU de 1998, temos nítidos dois lados: países conservadores (EUA, Japão, Suécia, Dinamarca, Brasil etc.) e Estados progressistas (Alemanha, Bélgica, Holanda, Suíça, Canadá etc.).

O lado progressista implementou práticas sociossanitárias de sucesso, todas voltadas a reduzir danos. As narcossalas integram essas práticas, pois, além de locais seguros, oferecem programas de emprego, informações e assistência médica permanente.

O modelo europeu considerado de sucesso foi o implantado em Frankfurt, na Alemanha, em 1994, quando a cidade tinha cerca de 6 mil dependentes químicos. E até a Suíça trocou as praças pelos ambientes fechados e controlados. Em Frankfurt, o número de usuários e dependentes caiu pela metade até 2003. Além disso, outras oito cidades alemãs adotaram as salas seguras. Os hospitais e os postos de saúde, antes das narcossalas, atendiam quinze casos graves por dia, com um custo estimado de 350 por intervenção. Tais resultados inspiraram a Espanha, que realiza experiências com as salas seguras.

O sistema alemão oferece acolhida aos que vivem marginalizados e em péssimas condições de saúde e econômicas. Foi, sem dúvida, uma forma de aproximação, incluindo cuidados médicos, informações úteis e ofertas de formação profissional e trabalho. Com isso, o uso de drogas injetáveis despencou 50%. Reduziram-se também significativamente os casos de Aids e outras patologias correlatas ao consumo de drogas proibidas. Vale destacar ainda que, entre os usuários que ingressaram nos programas de narcossalas, caiu o índice de mortalidade em virtude da melhora da qualidade de vida. Por sua vez, as mortes por *overdose* também baixaram, tendo o mesmo sucedido, no campo da microcriminalidade, com os delitos relacionados ao consumo de drogas.

A experiência de Frankfurt serviu para afastar a tese de que as narcossalas poderiam estimular os jovens a ingressar no mundo das drogas. Pesquisas realizadas por autoridades sanitárias demonstraram que os jovens de idade entre 15 e 18 anos da cidade não partiram para o uso de heroína ou cocaína e que menos de 1% nunca provou uma dessas drogas na vida. Um levantamento epidemiológico revelou o aumento na idade do consumidor: subiu para entre 30 e 34 anos.

As narcossalas, nos lugares onde foram implantadas, deram certo não só em relação à redução da demanda, mas também pela contribuição positiva quanto aos aspectos e práticas humanos, solidários e de reinserção social. Na Alemanha, as federações do comércio e da indústria apoiaram com cerca de 1 milhão os programas das narcossalas.

Como alertou o professor Uwe Kemmesies, da Universidade de Frank-furt, "podemos reconhecer que a oferta de salas seguras para o consumo de drogas melhorou a expectativa e a qualidade de vida de muitos toxicodependentes que não desejam ou não conseguem abandonar as substâncias.[6]

Cracolândia

A única política que poderia dar bons resultados no quadrilátero paulista conhecido por Cracolândia (e que vale para outras cidades e estados federados brasileiros) é a de redução de danos, pelo emprego de salas seguras de uso (as já mencionadas narcossalas), com o aproveitamento das experiências que acabamos de mencionar. Dispensável ressaltar, por ser evidente, o aspecto humanitário e de respeito à dignidade da pessoa contemplados por essa estratégia.

Por anos, os governos paulistas adotam para a Cracolândia políticas impróprias, tipo "enxuga gelo". Nunca se conseguiu cortar o fornecimento, apenas se logrou prender os traficantes

---

6 Maierovitch, Devem-se criar salas para o uso de drogas?, *Folha de S.Paulo*, 20 nov. 2004.

expostos, que evidentemente são meros revendedores de drogas proibidas.

Destacada matéria do jornal *Folha de S.Paulo*, assinada pelo jornalista Rogério Gentile e com base em pesquisa da Unifesp, mostra que o tráfico de drogas arrecada R$ 9,7 milhões por mês na Cracolândia paulistana. O tráfico, segundo a pesquisa, é comandado pela organização criminosa PCC.[7]

No governo tucano de Geraldo Alckmin usou-se, no estado de São Paulo e para a Cracolândia, o método fascista, desumano, das internações compulsórias, com o dependente sendo forçado a um breve período de desintoxicação. O resultado foi a volta da grande maioria dos "desintoxicados" à Cracolândia paulistana e o retorno ao consumo do crack, droga de efeito devastador.

Com um ousado programa de reurbanização do degradado centro da cidade de São Paulo, teve início em 2009 a especulação imobiliária, com a tentativa de se colocar fim à Cracolândia. O projeto foi anunciado pelo então prefeito paulistano Gilberto Kassab, um economista de formação, hoje investigado em inquéritos sobre corrupção. Os dependentes foram forçados pela prefeitura da cidade, que teve apoio do governo estadual, a deixar a Cracolândia, migrando em busca de um novo gueto. Sem sucesso, forçou-se um confinamento. Tentou-se imitar, nesse particular, a vetusta política de confinamento de prostitutas empreendida pelo falecido governador Ademar de Barros do fim da

---

7 Gentile, Tráfico de drogas arrecada 9,7 milhões por mês na Cracolândia de São Paulo, *Folha de S.Paulo*, 3 fev. 2020.

década de 1940: elas foram confinadas no bairro do Bom Retiro, obrigadas a deixar o lugar hoje conhecido por Cracolândia.

Durante a repressão na Cracolândia, parte dos que escaparam da detenção policial voltada ao encaminhamento à suprarreferida desintoxicação compulsória (todos economicamente miseráveis) migrou para bairros residenciais vizinhos. Jovens dependentes, apenas usando calções e enrolados em cobertores, percorreram as ruas a remexer latas de lixo. Procuravam comida ou algo de valor para vender em ferros-velhos, a fim de obter dinheiro para a compra de droga.

Os fâmulos dos narcotraficantes mudaram rapidamente seus pontos de venda para esses bairros vizinhos, a maioria de "classe média alta". Não demorou a pressão dos que se sentiram incomodados, e houve a volta dos dependentes à Cracolândia, como sempre acontece.

No Brasil, portanto, a política de drogas é retrógrada. E tende a piorar no governo conservador do presidente Jair Bolsonaro. O presidente é influenciado por orientação religiosa que só admite o tratamento por meio da abstenção de uso, palestras e orações. Em muitos lugares, parte-se para a lavagem cerebral, onde se pretende trocar a dependência pela fé.

Com o tema drogas, muitos estados-federados, além de medidas preconizadas por igrejas, colocam nas escolas públicas policiais militares a comandar programas preventivos. Policiais militares pela formação profissional têm como atividade-fim a repressão. Por evidente, atuam mal na prevenção em escolas, errando frequentemente ao pregar o medo como fórmula inibidora do uso.

Muitos dos programas preventivos usados pelos policiais nas escolas públicas são elaborados por doutrinadores norte-americanos, os quais são firmes na pregação da abstinência durante o tratamento. Criou-se nos Estados Unidos, com base na doutrina da *war on drugs* (guerra às drogas), um modelo preventivo de exportação, dirigido às crianças e aos adolescentes. É de se observar que esse país não consegue, internamente, bons resultados com suas políticas de redução do consumo. Em uma dessas cartilhas, já usadas pela Polícia Militar de São Paulo, recomendava-se ao jovem o não uso de "boné", por ser esse item empregado por bandidos com a intenção de esconder o rosto. Ou seja, não deveriam se confundir com os bandidos. Em solenes formaturas de cursos dados por policiais militares às crianças e aos adolescentes, é comum os pais ouvirem sair da boca dos filhos o compromisso, quando se tornarem adultos, de se transformar em intransigentes combatentes das drogas proibidas. Essa estranha e imprópria política de exportação *made in USA* faz parte de uma rudimentar tentativa de lavagem cerebral.

O maior problema dos governantes brasileiros é a incapacidade, no que diz respeito aos usuários, de enxergar o consumo como problema de saúde pública e não como um tema criminal.

Descriminalizar e despenalizar

Na Assembleia Especial da ONU de 1998, um grupo de intelectuais progressistas encaminhou um abaixo-assinado ao secretário-geral Kofi Annan, em que se propunha a aprovação pela Assembleia da não criminalização da posse de drogas para uso próprio. Dentre os signatários estava o então candidato brasileiro à Presidência da República, Luiz Inácio Lula da Silva.

Depois de eleito, Lula aparentemente esqueceu do teor do documento que subscreveu. Não conseguiu, por pressões conservadoras e das igrejas, aprovar uma legislação que estabelecesse a não criminalização da posse para consumo próprio. No entanto, por lei proposta em seu governo, logrou abolir a pena de prisão do usuário encontrado a portar ou possuir drogas para uso próprio. Em síntese, o detentor de droga para consumo individual continua, pela lei brasileira, criminoso, mas sem pena de prisão. É um bom avanço a não admissão da privação da liberdade.

Antes do governo Lula, no mandato de Fernando Henrique Cardoso (FHC), tentou-se uma nova política sob comando e coordenação da recém-criada Secretaria Nacional Antidrogas. A meta, em uma caminhada que tinha por norte a política de Portugal, era não criminalizar o porte para o uso, que passaria a ser considerado mera infração administrativa – similar, por exemplo, a estacionar o automóvel em lugar proibido. Em outras palavras, o porte para uso lúdico-recreativo sairia do âmbito policial-criminal e entraria para o da saúde pública.

Também aqui, pressões conservadoras e a proximidade de Fernando Henrique com o presidente norte-americano Bill Clinton, que manteve uma política conservadora, proibicionista, e colocou um general republicano como "czar" antidrogas, impediram o governo brasileiro de progredir. FHC não teve a bravura necessária para a necessária e humana mudança de patamar. O ridículo da situação foi ter FHC, com "caradurismo", ao deixar a presidência, adotado um discurso progressista, passando a recomendar a política de Portugal. Em síntese, Fernando Henrique passou a propor aquilo que não teve a coragem de fazer.

Como Lula já governava, Fernando Henrique elegeu o tema das drogas para obter espaço na mídia. No governo, Lula adotou linha política conservadora e evitava falar sobre o fenômeno das drogas. FHC vestiu os panos usados por Lula quando da Assembleia de 1998 e virou, nos discursos, o progressista que poderia ter sido como presidente. O gênero da farsa ocupou o palco da política brasileira para as drogas, com FHC e Lula como protagonistas.

Políticas sobre drogas

Para se traçar uma eficiente política antidrogas no Brasil, há necessidade de conscientização e envolvimento da sociedade em torno de alguns pontos básicos, essenciais para a compreensão do fenômeno. Vejamos:

1. É utopia imaginar uma sociedade sem drogas. O uso da *cannabis* remonta, na Índia, ao ano 2500 a.C. Por tradição oral, espalhou-se a lenda do deus Shiva. Para se proteger do sol, Shiva procurou um bosque, que era de *cannabis*. Por curiosidade, começou a mastigar as folhas e experimentou conforto e alívio. Então, adotou-as em sua alimentação regular.

Ainda na Índia, com foco nos Vedas, em quatro obras elaboradas entre 2000 a.C. e 1400 a.C., descreve-se a existência de uma planta que controla a ânsia quando consumida. Certamente, a referência era à erva canábica.

Na *Odisseia*, século VIII a.C., Homero destaca o uso de substância chamada de *nepante*, com propriedade de inibir a dor. Provavelmente mencionava o ópio, ou seja, o suco extraído da cápsula da papoula.

Heródoto, no século V a.C., concluiu seus nove volumes da coleção de história. No quarto volume, constam os rituais fúnebres de uma tribo nômade. A tribo armava uma tenda bem fechada. As pessoas que participavam do funeral entravam e inalavam a fumaça de sementes de *cannabis* e isso reduzia a tristeza. Acalmava a dor da alma em face da perda.

Mais de vinte séculos depois, outro fato histórico: o "Vinho Mariani" virou bebida da predileção do papa Leão XIII, bem como do presidente norte-americano McKinley e de Thomas Edison, empresário e inventor da lâmpada elétrica. De 1863 a 1885, o italiano Angelo Mariani dominou o mercado com o vinho que levava o seu nome de família. Um detalhe: o Vinho Mariani não era elaborado com uva, mas com a folha da coca.

A concorrência ao Vinho Mariani só veio em 1885, com o lançamento nos Estados Unidos da French Wine Cola, de John Pemberton. A propaganda dizia ser uma bebida estimulante: "*ideal tonic and nerve stimulant*". Em sua fabricação também era usada a folha de coca.

Mais tarde, cheirar cocaína tornou-se moda na alta sociedade. Nas caixinhas cravadas de diamantes das festas, o rapé cedeu lugar à cocaína. Sigmund Freud publicou um artigo com o título de *Ueber Coca* [Sobre a cocaína], droga da qual era usuário despreocupado. O problema da dependência química só começou a ser visto como tal em 1950 e, nos anos 1970, começa-se a usar a expressão "flagelo das drogas", hoje não mais recomendada.

Dado esse longo e constante convívio, é simplesmente contraintuitivo imaginar-se um mundo sem drogas naturais, semissintéticas ou sintéticas.

2. A criminalização e a punição do usuário não funcionam para fim pedagógico nem simbólico.

A política norte-americana, que se tentou adotar na América do Sul, não reduziu o consumo. O perdão dado ao usuário na primeira vez em que é surpreendido pela polícia ou Justiça não resultou em renúncia ao uso. Nos Estados Unidos, os denominados Tribunais para Dependentes Químicos, com competência para julgar aqueles apanhados em posse de droga para uso, punem pesadamente com prisão em caso de reincidência. Mas, muitas vezes, o condenado é mero usuário e não dependente químico ou psicológico.

3. Uma boa política deve investir na construção de cultura fundada no senso de responsabilidade do cidadão, no ideal de liberdade e de tolerância: daí ser recomendável a não criminalização do porte para uso recreativo.

4. O uso de droga, como vimos, faz parte da experiência humana e, na prevenção ao consumo, o Estado tem o papel de apontar os riscos, que são elevados, quer com relação às drogas proibidas, quer com as permitidas, como o álcool e o tabaco.

Isso deve ser feito com campanhas adequadas, sem criar o pavor e sem provocar a marginalização.

5. Políticas de drogas e toxicodependências devem ser realistas e nelas deve imperar o pragmatismo. As drogas substitutivas encaixam-se nas políticas redutoras de danos, que devem ser incentivadas, pois têm conteúdo humanitário: aquele que troca o crack pela maconha está efetivamente reduzindo danos.

6. Devem ser promovidas políticas voltadas à saúde pública e privada. Políticas redutoras de danos não podem violar direitos fundamentais, como ocorre nas internações compulsórias voltadas à desintoxicação. O dependente químico, sem condições de administrar sua própria pessoa, deve ser interditado, observado o devido processo legal. E a vontade do interditado se dá pela de seu curador. Dessa maneira, é o curador quem delibera pela internação.

7. É importante, em uma política sobre drogas, informar e não esconder. Por exemplo, poucos foram informados sobre o trabalho de catalogação realizado pelos botânicos. Eles chegaram a 80 mil espécies de plantas. Desse universo, 4 mil possuem propriedades psicoativas, mas apenas sessenta delas são utilizadas. Poucos sabem que da papoula se chega ao ópio e deste à depressora heroína. Possui efeitos psicoativos, por exemplo, a coca, de mascagem tradicional, milenar e necessária para os nativos suportarem as altitudes andinas.

8. A verdadeira prevenção não pode ser usada como instrumento antidrogas que conduza ao pavor. A prevenção eficaz, frise-se, é aquela trabalhada de modo a desmotivar o uso.

Como instrumento de pavor e racismo, tivemos, em 1914, o Harrisson Narcotic Act. Era a fase do "racismo farmacológico" para combate ao uso de drogas. Foi precedido de pesada propaganda com o emprego do personagem denominado doutor Fu Manchu, uma criação ficcional do escritor inglês Sax Rohmer, em 1912. O doutor Fu Manchu difundia o uso da heroína como forma de entorpecer os brancos, o que possibilitaria a dominação amarela.

Lei Seca, uma política equivocada

A política proibicionista norte-americana contra as bebidas com teor alcoólico elevado começou a vigorar em 1920 e durou até 1933. Popularmente chamada de Lei Seca, partiu do projeto legislativo do senador Andrew Volstead. O Volstead Act, ou National Prohibition Act, recebeu veto do presidente norte-americano Woodrow Wilson. Porém, o veto presidencial foi constitucionalmente derrubado.

Sob a nova lei, proibiu-se a fabricação, a venda e a importação de bebidas com teor alcoólico acima de 0,5%.

O equívoco dessa política decorreu da tentativa de mudar um hábito consolidado socialmente. Buscou-se proibir o consumo tradicional; proibir o que já estava arraigado nos hábitos dos norte-americanos. O senador Volstead resolveu mudar, pela força de uma lei, algo já sedimentado culturalmente. No fundo, Volstead foi um trapalhão da época, um "novidadeiro".

MÁFIA, PODER E ANTIMÁFIA

Sua trapalhada fez a alegria da Cosa Nostra sículo-norte-americana e do mercado ilegal de bebidas alcoólicas.

A Lei Seca, surpreendentemente, contou com uma inexplicável brecha. O clã dos Kennedy, por ação do patriarca que teve o filho presidente, conseguiu, por meio das autoridades sanitárias, permissão para importar e explorar comercialmente o gim, de teor alcoólico proibido pela Lei Seca. A autorização partia da mentira de que a bebida teria efeitos médico-terapêuticos.

O gim, destilado à base de cereais, tem teor alcoólico elevado. Quando da Lei Seca, o gim que entrava no mercado norte-americano como falsamente terapêutico era o London Dry Gin, que nunca teve teor alcoólico abaixo de 35%. Outro ponto, apenas para mostrar um dado da época: de 1915 a 1930, por lei, era proibida a venda de *cannabis* para fim medicinal.

O clã dos Kennedy fez fortuna com a Lei Seca, sem qualquer risco, na legalidade. O mesmo não pode ser dito dos grandes chefes da Máfia.

Alphonse Gabriel "Al" Capone (1899-1947), chefão mafioso de Chicago e membro da Cosa Nostra siciliana, nos treze anos de vigência da Lei Seca e por meio dela, amealhou US$ 60 milhões. Chegou a revelar um segredo: "*I own the Police*" (Sou o dono da polícia). Tinha, como dizia, a polícia na mão, ou melhor, em seu bolso. Paralelamente a Capone, Meyer Lansky, o "ministro das finanças" da Cosa Nostra norte-americana, fez de Cuba o primeiro centro financeiro mafioso *offshore*. Usava os cassinos para lavagem de dinheiro e inundou os Estados Unidos de rum cubano durante a Lei Seca.

Al Capone, 1941.

Drogas: geopolítica – geoeconomia – geoestratégia

Na Convenção de Palermo, ficou de fora a questão das drogas proibidas. Outros temas integraram a Convenção de 2000, como já mencionado, referente às armas leves[8] (não aprovado), exploração e desfrutamento de seres humanos (aprovados).

---

8 Parêntese: destaquemos a relevância do contraste ao tráfico de armas e munições. As máfias nunca escolheram ficar de algum dos lados em conflito: vendem armas para ambos. Por exemplo, o Estado Islâmico comprou, para conquistar e manter a área proclamada como califado, armas e munições de traficantes (isso faz lembrar Pietro Chiocca, um traficante de armas interpretado pelo imortal Alberto Sordi, em *Enquanto há guerra, há esperança* (1974),

A Convenção cuidou da proteção e da assistência às vítimas, da proteção às testemunhas e peritos e a grupos sociais marginalizados, estes facilmente expostos à ação da criminalidade organizada. Não se cuidou, porém, de algo importante, explorado pela criminalidade organizada, que é o tráfico de lixo, comum ou tóxico.

Tráfico de lixo gera para os cofres da criminalidade organizada lucro anual de 15 bilhões de dólares, segundo dados das agências de inteligência: para retirada do lixo, as internacionais criminosas cobram até US$ 100 mil por tonelada. Para descarregar, e muitas vezes a fazer a África de lata de lixo, corrompe-se por US$ 2,50 a US$ 50,00 por tonelada.

Durante anos, a Camorra napolitana controlou a descarga e incineração do lixo não tóxico da cidade de Nápoles e de alguns municípios campanos. É evidente que a questão da poluição decorrente da incineração nunca preocupou os camorristas envolvidos. Note-se que, por ironia, um dos mais perfeitos e não poluentes projetos de eliminação do lixo é o da Noruega, projeto implantado e gerido por uma empresa italiana da cidade de Brescia. Como debatido e informado em janeiro de 2020 no programa televisivo Carta Bianca, da RAI, conduzido pela respeitada jornalista Bianca Berlinguer, na Itália o projeto (italiano!) implantado na Noruega violaria a lei.

---

dirigido pelo próprio Sordi). Chiocca, o protagonista, dizia ao seu auxiliar: "enquanto existir guerra, existe a esperança". Esperança de lucro, evidentemente. Dado relevante diz respeito ao lucro do tráfico de armas: 35% do valor das vendas entra para o caixa dos traficantes.

Esquecido o tráfico de lixo pela Convenção, foi acertado não constar também o tema das drogas proibidas, embora sejam elas um dos principais produtos explorados pelas redes mafiosas.

A respeito de drogas, existiam, já firmados quando da Convenção de Palermo, vários tratados internacionais, protocolos, convenções e assembleias especiais. A questão da droga proibida é uma preocupação antiga, a lembrar, a título de exemplos, a "Conferência Internacional sobre o Ópio", realizada em Xangai no ano de 1909, a Convenção de Haia de 1912 e a Convenção de Genebra de 1925, esta a cuidar especificamente da supressão do comércio e do uso do ópio.

Outro ponto. A questão das drogas ilícitas envolve interesses geopolíticos, geoestratégicos e geoeconômicos. Muitas vezes, estão em jogo interesses de estados nacionais e não só do crime organizado. O mundo assistiu a duas "Guerras do Ópio" (1839 a 1842 e 1856 a 1860). O conflito envolveu o Império chinês, durante a dinastia Qing, e o Reino Unido da Grã-Bretanha e Irlanda. Os britânicos, a operar e monopolizar pela célebre Companhia das Índias, que recebia em prata, tirada das reservas chinesas, o pagamento do ópio vendido. Enquanto os britânicos queriam manter o monopólio, os chineses pretendiam erradicar o ópio.

Coube ao Tratado de Tientsin, de 1860, colocar fim à guerra. E, em 1874, a indústria farmacêutica, pela alemã Bayer, sintetizou e lançou no mercado o princípio ativo conhecido como diacetilmorfina. Como efeito, caiu a venda do ópio explorado pelos ingleses.

Na Segunda Guerra Mundial, a droga chamada de "adolfina" chegou aos campos de batalha. A "adolfina" era a metadona, distribuída aos soldados alemães e usada como inibidora da dor. A metadona, no pós-guerra e em especial após a guerra norte-americana no Vietnã, passou a ser empregada como droga substitutiva para controle de crise de abstinência em dependentes químicos de heroína.

Voltemos à geopolítica, geoestratégia e geoeconomia das drogas proibidas. A potente CIA, nos anos 1940, apoiou o exército nacionalista chinês, que ficou internacionalmente conhecido por Kuomintang, na luta contra os comunistas. O exército nacionalista se sustentava com o tráfico de ópio.

Outra da CIA: na Nicarágua, os "contras" (contrarrevolucionários, antissandinistas) mantinham a luta bélica para a derrubada do governo da Frente Sandinista de Libertação com o dinheiro do comércio ilegal de cocaína. A CIA permitia o ingresso e a venda dessa cocaína nos Estados Unidos, em particular em Los Angeles. O obtido com a venda, conseguida com o *nihil obstat* da CIA, sustentava os antissandinistas.[9]

Em outubro de 1945, foi fundada a Organização das Nações Unidas (ONU). A primeira convenção sobre drogas foi em 1961, em Nova York, sua sede. Levou o título de Convenção Única sobre Entorpecentes e entrou em vigor em 1964.

---

9 Santino; La Fiura, *Dietro la droga: economie di sopravvivenza, imprese criminali, azioni di guerra, progetti di sviluppo.*

Com ela se inaugura a política "proibicionista" e, como consequência, veio a esperada "militarização". Nessa Convenção Única de 1961 estipulou-se o prazo de 25 anos para a erradicação de cultivos de drogas naturais do planeta. Outro lance proibicionista deu-se com a Junta Fiscalizadora do Cumprimento da Convenção de 1961. Essa teve o triste papel de denunciar os estados-membros.

Uma pequena imersão na história nos leva a concluir que, relativamente às drogas proibidas, já tivemos de tudo. Até se cogitou a guerra biológica, com o emprego do fungo *fusarium oxysporum*. Com o *fusarium*, a meta era deter a economia crescente dos narcos colombianos e das narcoguerrilhas: cartéis, guerrilheiros das Farc (Forças Armadas Revolucionárias da Colômbia), do ELN (Exército de Libertação Nacional da Colômbia) e os paramilitares das AUC (Autodefesas Unidas da Colômbia).

As AUC eram financiadas por Diego Montoya Sánchez, vulgo Don Diego, chefe absoluto do poderoso Cartel do Vale Norte (departamento de Valle, zona ocidental –Pacífico). Don Diego, à época, era o maior traficante de cocaína do planeta. Segundo dados dos serviços de inteligência norte-americana, ele teria exportado para os Estados Unidos mais de mil toneladas de cocaína, com 100% de pureza. Para se ter ideia, o juiz norte-americano Stephen Brow condenou Diego Montoya Sánchez, em novembro de 1999, à pena de prisão perpétua por tráfico internacional de drogas.

Primeiramente, o *fusarium* havia sido cogitado para destruir plantios de erva canábica na Flórida. O fungo, segundo o plano, acabaria com os arbustos e as folhas de coca na Colômbia. O problema é que não havia garantia de que o fungo destruiria apenas a coca, sem migrar para outros cultivos (sem esquecer o risco de chegar à região da Amazônia colombiana).

Com o Plan Colombia imposto pelos Estados Unidos e que teve sua primeira fase iniciada em 11 de julho de 2000, o "czar" antidrogas Barry McCaffrey preferiu o despejo de herbicidas.

Aviões da companhia privada Dyncorp derramaram na Colômbia – com danos ambientais em áreas sem cultivo de coca – herbicida à base de glifosato, portador do nome comercial Roundup, fabricado pela multinacional Monsanto. Pelos cinco anos de Plan Colombia, a Dyncorp projetou embolsar US$ 170 milhões, o que dá uma amostra dos custos da política norte-americana da *war on drugs*.

A *war on drugs* começou em decorrência de uma situação politicamente embaraçosa para o então presidente norte-americano Richard Nixon. Muitos soldados norte-americanos que combateram no Vietnã voltaram para a casa dependentes da heroína asiática. Era mais uma derrota norte-americana. Nixon, então, em uma estratégia diversionista, discursou vibrantemente e anunciou, para combate apenas nos EUA, a política chamada de *war on drugs*.

O presidente Ronald Reagan pegou carona nessa política, ampliando-a. A *war on drugs* foi anunciada para além das fronteiras norte-americanas. Reagan entendeu estarem os Estados Unidos legitimados a dar combate às drogas, sem respeitar fronteiras. O raso fundamento era de que a droga produzida fora acabava nos EUA.

Esse alargamento da política, como se percebeu, era mero pretexto imperialista, a servir, inclusive, para barrar a expansão do comunismo. Bases militares norte-americanas em Aruba, Curaçao, Iquitos e Manta tiveram o falso rótulo de controle do tráfego aéreo voltado a impedir o tráfico de drogas ilegais. Até hoje, não se tem notícia sobre resultados obtidos nessas bases militares. Servem apenas para comprovar mais uma vez a militarização no combate às drogas.

Depois do fracasso do Plan Colombia e com os cartéis mexicanos a inundar os Estados Unidos de cocaína, o presidente George W. Bush praticamente impôs ao desmoralizado presidente mexicano à época, Felipe Calderón, o Plan Mérida (também conhecido como Iniciativa Mérida).

O xeque-mate de Bush filho em Calderón teve apoio no que foi concluído por um procedimento unilateral conhecido por Certificação de Avaliação. Ele avalia a atuação do país parceiro dos Estados Unidos no combate às drogas ilícitas. O país que não obtém a certificação para de obter auxílio econômico norte-americano e toda a cooperação econômica é suspensa.

O México não recebeu certificação: foi reprovado. Para voltar a receber ajuda econômica, o presidente Calderón, que tinha o governo desacreditado, consoante pesquisa realizada entre os mexicanos, e queria ser reeleito, aceitou o Plan Mérida, que nada mais era do que uma adaptação do Plan Colombia para o México.

MÁFIA, PODER E ANTIMÁFIA

O acordo para implantação do Plan Mérida é de março de 2007 e foi assinado em visita de Bush ao México. Os norte-americanos aportaram US$ 1,4 milhão, ou, como se diz no popular, jogaram um milhão e quatrocentos mil dólares no ralo. As polícias mexicanas, em razão de parte delas haver sido cooptada pelos cartéis, foram desarmadas e afastadas da repressão às drogas. O Exército passou a atuar.

Os cartéis, com armas e munições compradas nos Estados Unidos, e isso com parte do lucro da venda de drogas aos norte--americanos, enfrentaram o Exército mexicano. O presidente Calderón, derrotado, nem se atreveu a postular a reeleição.

Mais uma vez, vem à lembrança a velha lição de Giovanni Falcone: crime organizado (máfias, cartéis, organizações terroristas) se combate atacando sua economia.

O Plan Colombia, que começou a fazer água e passou a ser chamado de Iniciativa Regional Andina, não pôde se apoiar em deliberação do Conselho de Segurança da ONU. Teve de se sustentar na *war on drugs* de Reagan.

O inverso ocorreu com o Plan Mérida. O presidente W. Bush pôde dizer que estava apoiado em decisão do Conselho de Segurança da ONU, que, pela Deliberação n.1.373, de 28 de setembro de 2001, declarou ser estreita a conexão entre terrorismo internacional e a criminalidade organizada transnacional, o tráfico ilícito de drogas, a lavagem de dinheiro sujo do crime e o tráfico ilegal de armas.

Outro plano internacional que não deu certo ocorreu na Bolívia, no governo do presidente Hugo Banzer, que esteve no poder naquele país pela segunda vez entre 1997 e 2001, por via democrática (já havia sido ditador entre 1971 e 1978). Foi o chamado Plan Dignidad. Do escritório da ONU para drogas e crimes, Banzer teve apoio no que tocava aos cultivos substitutivos na região do Chapare (de produção ilegal de folha de coca). Houve apoio financeiro aos agricultores que trocaram a coca por cultivos legais, como frutas, feijão e milho. A venda dos produtos substitutos seria feita à Argentina. No entanto, uma crise econômica gigantesca na Argentina levou à interrupção das compras. Trocado em miúdos, os produtores bolivianos perderam as safras por falta de mercado comprador.

Durante o Plan Dignidad, o governo de Banzer centrou fogo na erradicação forçada, que resultou no embate das forças de ordem com cocaleiros e lideranças no chamado Trópico de Cochabamba. À época, um dos líderes cocaleiros era o desconhecido Evo Morales, que bem depois seria presidente da Bolívia.

Ao ser anunciada a erradicação da coca andina pelo Plan Colombia, as máfias já tinham testado e comprovado que o cultivo da coca podia ser feito fora daquela região. As internacionais criminosas já haviam realizado experiências exitosas com pequenos plantios de coca nas Ilhas Samoa (Oceania) e na Geórgia. Com isso, ficou clara a existência de um "plano B", no caso da total erradicação da coca dos Andes.

Como o prazo da já citada Convenção de 1961 da ONU começou a contar a partir de 1964, tivemos o seu término no ano de 1989 – e, evidentemente, o objetivo erradicador não foi alcançado.

Nos últimos anos, até nos Estados Unidos, autor da proposta da Convenção de 1961, é admitido o consumo, para fim medicinal, da erva canábica lá cultivada.

Como a Califórnia autorizava o uso medicinal, o então presidente W. Bush bateu – sem sucesso – à porta da Corte Suprema dos EUA. Ele entendia ser a questão das drogas de exclusiva competência federal e, por isso, os estados não poderiam legislar sobre consumo de maconha para finalidade medicinal.

A Convenção de 1961, sem rigor científico, havia aprovado quatro tabelas classificatórias. Para se ter ideia da falta de critério científico, uma das tabelas equiparava a heroína com a *cannabis*, que são substâncias muito diversas quanto aos seus efeitos e nocividade.

Outro passo em falso da Convenção de 1961 foi obrigar o seu cumprimento por todos os estados-membros da ONU, incluídos os que não a subscreveram. Elementar princípio de direito internacional, ao cuidar da soberania, estabelece não poder uma convenção ter efeito em Estado-membro que não a subscreveu. A Convenção de 1961 não foi aprovada por unanimidade.

A Convenção partiu da separação entre "países ricos" e "países pobres". Os pobres seriam os de cultivo e oferta, enquanto os ricos seriam os de consumo. A partir daí, aplicou-se um truísmo: "sem produção não haveria o consumo". Era a maneira de responsabilizar mais pesadamente a produção e a oferta. Logo se deram conta de que o inverso também era outra obviedade: "sem consumo não haveria produção".

O "proibicionismo", logo depois da Convenção de 1961, virou doutrina. E surgiu a figura do país de trânsito, ou seja, com papel de corredor das drogas. Mais um responsável surgiu, por não cuidar das fronteiras e do território de passagem.

O Brasil sempre foi tido como país de trânsito da droga destinada aos países da Europa. Não demorou muito para se descobrir que havia um preço para o trânsito. Cobrava-se pelo transporte e pela passagem. Ainda no Brasil, o pagamento era feito com a entrega de parte da droga. A droga virou moeda. E a droga que permanecia no território brasileiro era vendida no mercado interno.

A distinção entre país de oferta, de consumo e de trânsito causou, por anos, um "jogo de empurra", ou melhor, com base no truísmo suprarreferido, o país de consumo se apresentava como vítima, e o de oferta também. O de trânsito atribuía a responsabilidade aos de consumo e de oferta: se autoisentava.

Na Assembleia Especial da ONU, em 1998, em Nova York, foi estabelecido o "princípio da responsabilidade compartilhada". Não mais se deveriam fazer distinções entre países de produção, trânsito e consumo. Todos eram igualmente responsáveis.

Àquela altura, começava a crescer a oferta de drogas sintéticas – e os precipitados anunciavam a morte das drogas naturais e as semissintéticas. As drogas sintéticas, diziam muitos, eram bem mais baratas. Podiam ser elaboradas nos próprios países de consumo, sem despesa de transporte. Além de poderem ser elaboradas em "fundo de quintal".

MÁFIA, PODER E ANTIMÁFIA

Por estratégia mafiosa, a cocaína voltou a dominar o mercado. Perdeu força a depressora heroína, pois a juventude consumidora de drogas preferia as psicoativas, como a cocaína. Como dizem os jovens, o "barato" é ficar agitado e não paralisado. Estudos revelam que a população de usuários de heroína envelheceu.

Sobre isso, basta atentar para as filas dos que buscam droga substitutiva nos postos de saúde nos Estados Unidos: a metadona disponibilizada para consumo em postos de saúde naquele país é usada para controlar as crises de abstinência em usuários de heroína e ópio. Quer queiram, quer não, os postos de saúde funcionam de maneira igual às narcossalas. E a população atendida é envelhecida, não se renovou.

Na sequência da Convenção de 1961, vieram outras, mas sempre proibicionistas, criminalizantes. Por exemplo, a Convenção de Viena de 1971 sobre substâncias psicotrópicas. Em 1988, também em Viena, tivemos a Convenção contra o Tráfico Ilícito de Entorpecentes e Substâncias Psicotrópicas.

É sabido que, para se mudar a orientação, necessita-se de unanimidade. Nas Nações Unidas, os estados teocráticos não saem do proibicionismo, posição coincidente com a dos Estados Unidos, que adota como práticas o proibicionismo, a criminalização e a militarização. Isso explica o surgimento de políticas progressistas em diversos estados-membros. No país da *war on drugs*, e como resultado de consulta popular, existe hoje a possibilidade de consumo recreativo de maconha.

Política criminal em sentido amplo e a Justiça

A política criminal brasileira, *lato sensu*, há muito tempo deixou de ser ciência e longe está de ser arte, em caminho diferente do defendido pelo já citado professor Basileu Garcia. No Brasil, em razão das alterações legislativas efetuadas, a legislação penal codificada foi transformada em uma colcha de retalhos. Muitas vezes, as alterações foram realizadas por puro populismo.

O STF, no último decênio, realizou contorcionismos jurídicos e interpretativos e, em vários processos, atuou como se fosse legislador, a ponto de causar espanto e levar à insegurança jurídica. Montesquieu, quando desenvolveu a teoria da tripartição fundamental dos poderes em Legislativo, Executivo e Judiciário, alertou, em sua monumental obra *O espírito das leis*, para a separação entre eles, chamando a atenção para o perigo da usurpação de um poder pelo outro.

O direito processual penal brasileiro, concebido ao tempo da ditadura Vargas, sofreu inúmeras alterações. Nada, no entanto, o transformou num processo com prazo razoável de duração. No campo criminal, o processo penal brasileiro – que, pelo seu étimo (processo) significa marcha para a frente – tem a velocidade de uma lesma. Sobre isso mesmo, um dos grandes juristas brasileiros, Rui Barbosa, na sua *Oração aos moços*, preparada aos formandos da Faculdade de Direito da Universidade de São Paulo, turma de 1920, deixou séria crítica: "Justiça atrasada não é justiça, senão injustiça qualificada, manifesta".[10]

---

10 Barbosa, *Oração aos moços*, p.51.

Sobre a conclusão do processo criminal em prazo aceitável, o STF, no final de 2019, julgou – e havia forte pressão popular para isso – sobre o alcance da garantia constitucional da "presunção de não culpabilidade". A morosidade fazia a sociedade ficar sem resposta e a impunidade virar regra. Muitas vezes, poderosos e potentes, mediante o legítimo manejo da lei processual por parte de seus advogados de defesa, obtinham decisões de extinção da punibilidade pela prescrição da pretensão punitiva. No Brasil, para se ter uma solução definitiva do processo penal, percorrem-se, em geral, quatro graus de jurisdição (instâncias). Diante de casos de impunidade que geraram clamor público, começaram a aparecer sinais perigosos de mudança jurisprudencial.

Para uma corrente, após a condenação em segundo grau, com fatos definidos e responsabilidade criminal estabelecida em segundo grau de jurisdição, caberia a execução provisória do julgado condenatória. Um contorcionismo para escapar de uma garantia constitucional pétrea que diz não poder ninguém ser considerado culpado antes de haver trânsito em julgado. E, note-se, trânsito se e quando não couberem mais recursos processuais e se chegar à coisa julgada, à definição da causa. Essa corrente destacava que, nos tribunais superior e supremo (Superior Tribunal de Justiça e Supremo Tribunal Federal), os fatos não eram mais revistos e a análise limitava-se às questões de direito.

Dessa forma, em vez de se resolver a morosidade processual com um órgão colegiado em primeiro grau, redução de recursos e término do processo de conhecimento em duas instâncias, partiu-se para o perigoso caminho da redução de garantia civilizatória.

A conquista civilizatória (e ameaçada) em tela remonta ao tempo da Revolução Francesa. No ano de 1791, a Declaração dos Direitos do Homem e do Cidadão estabeleceu a presunção de inocência. Garantia aperfeiçoada em 1948 pela Constituição italiana: presunção de não culpabilidade.[11]

A pergunta que não quer calar é a seguinte: estaria o STF a apreciar a limitação da garantia constitucional da presunção de não culpabilidade se tivéssemos (1) processo criminal com prazo razoável de duração, (2) menos instâncias, (3) órgãos colegiados julgadores em primeiro grau, (4) menor número de recursos e regimentos de tribunais sem tantos atalhos? Resposta: qualquer pessoa minimamente instruída responderia com um rotundo não.

Coerentemente, portanto, o STF manteve a garantia constitucional até a ocorrência do trânsito em julgado e, como se faz na Itália, detentora da mesma garantia, alertou poder-se usar, no caso de necessidade, a prisão cautelar, de imposição a qualquer momento.

Em um Brasil muitas vezes dominado por reações populistas estribadas na impunidade, no laxismo penal e no garantismo

---

11 Para cotejo: *"Tout homme étant presumé innocent jusqu'à ce qu'il ait été declaré coupable"* (art.9º da Declaração); *"L'imputato non è considerato colpevole sino alla condanna definitiva"* (art.27 da Constituição italiana).

MÁFIA, PODER E ANTIMÁFIA

exagerado, com muitas instâncias e recursos, surgem amiúde "pacotes legislativos", como a desobrigar o Estado nacional de manter princípios éticos e de garantir conquistas civilizatórias. Pode-se pegar um exemplo no chamado "pacote Moro".

Por força constitucional, os crimes dolosos (intencionais) contra a vida são julgados por um tribunal popular chamado Tribunal do Júri. E a Constituição assegura a soberania do veredicto (da decisão) dos jurados populares. No júri, absurdamente, os jurados não estão obrigados a justificar suas decisões. Simplesmente respondem a questionário, por vezes intrincado. A resposta é secreta, e cada jurado, munido de duas cédulas, coloca uma delas em urna. Uma cédula que registra "sim" ou "não". O descarte da não usada é também secreto.

Pelo pacote que leva o nome do ex-ministro da Justiça (Sérgio Moro), e que foi convertido em lei em dezembro de 2019, o condenado pelo júri é preso de imediato se a pena for igual ou superior a quinze anos. Em outras palavras, inicia-se uma execução provisória. O sentenciado, ainda que tenha respondido ao processo em liberdade, terá de recorrer preso.

Para o ex-ministro Moro, a prisão decorre da soberania dos veredictos. Não é assim: soberana é a decisão que, em apelação, impede revisão de mérito por tribunal de segundo grau. Mas a decisão do júri pode ser anulada em apelação se for considerada manifestamente contrária à prova dos autos. Na hipótese de a decisão dada pelos jurados ser manifestamente contrária à prova, o Tribunal de Apelação, em segundo grau, determinará um novo julgamento, pelo júri, mas por outros jurados populares. Se a decisão anterior for repetida, o Tribunal de Apelação nada mais poderá fazer. Isso é a soberania, e não se deve confundir a prisão em execução provisória com soberania dos veredictos. Antes do trânsito em julgado, toda decisão de prisão é provisória. Mais ainda, existe a presunção de não culpabilidade, sendo que, no caso de necessidade de cautela, pode-se impor a prisão preventiva.

Paralelamente à argumentação supra, cabe lembrar que a história do júri brasileiro não recomenda o exagero. Pelo Brasil, durante anos a fio, jurados aceitaram a absurda e ilegal tese da "legítima defesa da honra" para absolver maridos assassinos traídos pela esposa. E o júri continua, até os dias atuais, um tribunal levado por paixões e emoções.

Pela lei processual original, cunhada pelo jurista Francisco Campos, apelidado, por seu saber, de Chico Ciência, o réu pronunciado para ser submetido a julgamento deveria ser preso cautelarmente e apresentado preso a julgamento pelo Tribunal Popular (Júri). Certa vez, o delegado Sergio Paranhos Fleury, acusado de comandar um "esquadrão da morte" e a repressão política aos opositores ao regime militar, restou pronunciado em face de homicídios. A repressão da ditadura militar, da qual Fleury era um dos expoentes, mudou a lei processual para admitir, ao primário e de bons antecedentes, responder ao processo em liberdade. Fleury era primário, tinha bons antecedentes e era presumidamente inocente. Não fosse uma mudança legislativa *ad personam*, a beneficiar pessoa certa e determinada – o delegado Fleury –, estaríamos diante de uma boa lei, mantida a presunção de não culpabilidade, garantia constitucional.

O pacote Moro, com base no populismo, acabou com a conquista de que alguém, com primariedade e bons antecedentes, e não havendo necessidade de prisão cautelar, responda a qualquer processo em liberdade.

As limitações do júri popular são assim reconhecidas e atestadas por um dos maiores juristas brasileiros, José Frederico Marques:

> O júri foi apontado, outrora, como instituição democrática destinada a substituir os magistrados profissionais das justiças do *"ancien régime"*, que se curvavam as ordens dos dinastas de que dependiam. No entanto, a independência dos juízes togados no Estado de Direito, e as transigências dos jurados com os "senhores do dia" em democracias de pouca vitalidade ou em regimes autoritários mostram que no plano político não há mais razão de ser para a manutenção do júri.[12]

Ainda a esse respeito, reproduzo aqui minha manifestação em um debate sobre o Tribunal do Júri, ao qual o jornal *Folha de S.Paulo* abriu espaço, com o acréscimo de o júri popular, no Brasil, ter sido criado e instalado durante o Império. E foi instalado porque Pedro I desejava, pela manipulação de jurados, intimidar a imprensa. O júri, no Brasil, começou mal: apenas para julgar os denominados "crimes de imprensa".

> A moderna Justiça penal não despreza a participação popular nos julgamentos. Recomenda, no entanto, estruturação dos órgãos judiciários, de forma a atingir, por meio do devido processo, a finalidade da função jurisdicional, que é não deixar impunes os crimes e não punir os inocentes.

---

12 Marques, *O júri no direito brasileiro*, p.45.

No caminho evolutivo, como se nota pelo sucedido no continente europeu, o moderno conceito de justiça abandonou o júri. Afastou qualquer possibilidade de adoção de tribunais compostos apenas por leigos.

Com a consolidação dos Estados democráticos e a sedimentação das liberdades públicas, eliminou-se o júri popular, ou melhor, a admissão de riscos de condenações ou absolvições imotivadas e aleatórias.

A participação popular passou, então, a ter importância em outro contexto. E vários países criaram tribunais mistos, ou seja, estruturaram-se colegiados compostos por julgadores leigos e especializados. Os últimos, membros da magistratura profissional e afastada da influência do Executivo.

Na Itália, até os tribunais de segundo grau de jurisdição, *"corte di assise di appello"*, têm composição mista. Na Alemanha democrática de Weimar, eliminou-se o júri, tomando seu lugar o escabinado, ou seja, o tribunal misto.

Assim, o tribunal do júri, que teve origem próxima na Magna Carta de 1215, tornou-se arcaico, superado. Convém recordar que apareceu como forma de reconhecimento dos direitos do homem contra as chamadas justiças régias, compostas por juízes corruptos e submissos aos monarcas. Na França, introduzido pela Revolução de 1789, foi logo posto de lado. Constatou-se que os leigos também ficavam sujeitos às influências dos poderosos.

Nosso tribunal do júri, que segue o modelo inglês, manteve-se na atual Constituição. É competente para o julgamento dos crimes intencionalmente cometidos contra a vida, tentados ou consumados. Criado por lei em 18 de junho de 1822, adquiriu competência apenas para o julgamento dos delitos resultantes do abuso da liberdade de imprensa.

Nos anos de 1934 e 1953, desdobrou-se e passou a chamar-se Tribunal de Imprensa, que por não atender ao ideal de justiça deixou de existir.

Para ter ideia de como a justiça é ministrada, sete jurados, sem apresentar as razões geradoras do convencimento, podem, secretamente, condenar e absolver réus acusados de crimes dolosos contra a vida.

Em outras palavras, o imputado e a sociedade ficam sem saber dos motivos inspiradores dos veredito, quer sejam absolutórios, quer condenatórios.

MÁFIA, PODER E ANTIMÁFIA

Os jurados leigos podem, também, desclassificar os crimes, sempre sem dar satisfações. Trata-se, evidentemente, da consagração do arbítrio, colocando o tribunal do júri em oposição ao regime democrático.

A propósito, recentemente, durante sessão de julgamento de uma das câmaras criminais do Tribunal de Justiça, respeitado advogado, com sinceridade induvidosa, garantia que a influência do jornalista Cândido Gil Gomes sobre os jurados tinha ensejado a condenação do seu cliente.

Na mesma semana e em face de crime passional consumado no interior de São Paulo, combativo promotor desejava a anulação de julgamento do tribunal do júri. Os jurados tinham considerado, em veredito dado como afrontoso ao direito natural à vida, legítimo o marido matar a esposa adúltera.

Claro que os casos revelam inconformismos decorrentes da presença de jurados influenciáveis e despreparados. Efetivamente, não é ideal o nosso sistema. Consagra, por influência da força reacionária e talvez do fetichismo, o júri popular soberano. E o sistema acaba ficando contrastado quando entrega aos juízes especializados competência para julgamentos de crimes outros, inclusive os de imprensa, obrigando-os, em total respeito à pessoa e à sociedade, a expor, minuciosa e publicamente, as razões do seu convencimento.

Convencimento, vale registrar, à luz da prova e do direito vigente, tudo após respeitosa análise das teses debatidas por acusador e defensor técnico.

Depois de frisar que é o regime democrático, e não o júri, que tutela a liberdade dos cidadãos, saudoso processualista, José Frederico Marques, em face da abolição do júri no México, recordou frase que ficou famosa, pois para cá também valia: *"Era un espectáculo, pero no hacía justicia"*.[13]

Os pacotes legislativos, em especial os ditos reformistas, alinhados com a ideologia da Lei e da Ordem ou da Tolerância Zero, quebram a lógica e a harmonia de uma política criminal pensada e refletida e deixam o direito ao sabor do humor social.

---

13 Maierovitch, Consagração do árbitro, *Folha de S.Paulo*, 31 maio 1997.

Nos países da União Europeia, a política criminal é levada a sério, até porque as cortes europeias possuem jurisdição nos estados-membros. No âmbito da União Europeia, os estados--membros com prazo não razoável para definição processual são condenados a indenizar o prejudicado. Ficou conhecida, na UE, a condenação da Itália em razão da longa duração de certo processo criminal, com acusação de jornalista de posse de erva canábica para uso lúdico-recreativo. Depois de quase cinco anos de tramitação, a jornalista recebeu sentença absolutória e, pela Corte europeia, a Itália restou condenada pela lentidão processual, que violava direito individual.

Epílogo

Uma lembrança da infância. A minha *nonna* Margherita, italiana da região Molise, punha a "mão na massa" e, aos domingos, nas reuniões com os filhos, noras e netos, saía o macarrão servido em enormes travessas, com molho de tomates escorrendo pelas bordas.

Aproveito essa recordação de infância para destacar, aos que terminaram a leitura desta obra, haver eu também posto as mãos, punhos e antebraços na massa. O objetivo central foi trazer uma análise aprofundada do fenômeno da criminalidade organizada de matriz mafiosa, acrescida por uma miscelânea final de questões correlatas. Utilizei o que estava registrado em minha memória e a tal molho misturei experiências, decepções, agruras, leituras e apontamentos propiciados por uma vida de *workaholic* e insone.

Por ter atuado na linha de frente, sem deixar de lado as pesquisas e a construção, junto ao Instituto Brasileiro Giovanni Falcone, de um observatório com informes e informações, conectei fatos e mostrei as raízes de muitas tragédias.

Não foi objetivo desta obra individualizar e tratar de todas as organizações criminosas, mas sim ir a fundo no fenômeno, em cujo epicentro está a potente e secular Cosa Nostra sículo-americana.

Sinto-me honrado e realizado por ter tido mais uma obra publicada pela respeitada Editora Unesp e pelo grande apoio e atenção recebidos. E agradado e feliz pela companhia dos leitores nesta minha pretensiosa tentativa de ser útil sem me afastar da verdade.

Uma última confidência. Quando estive em certos salões palacianos, reuniões oficiais e festividades, minha estratégia era me imaginar como uma pequena mosca, daquelas que não param de circular. No caso, estar em todos os cantos, por toda parte, para melhor recolher informações, perceber as intenções, as manobras oportunistas e evitar escaramuças. Nessas situações, percebi farsantes, mas também recebi lições preciosas de geopolítica, geoestratégia e geoeconomia. Também conheci pessoas que, se tivessem vivido em Florença entre 1498 e 1512, poderiam ter servido de fonte de inspiração ao filósofo, dramaturgo, político, diplomata e escritor, Niccolò di Bernardo dei Machiavelli.

Ex corde,
WFM

Apêndice
Miscelânea criminal

O PCC

A exemplo da organização de matriz mafiosa conhecida por Sacra Corona Unita, nascida na região italiana da Puglia, o Primeiro Comando da Capital (PCC) foi criado em um presídio. A fundação se deu em 1993, por oito condenados que cumpriam pena no presídio do município de Tremembé, dito de segurança máxima – apelidado por policiais e agentes penitenciários de "piranhão" ou "aquário".

O PCC, a imitar a Cosa Nostra siciliana, é uma organização verticalizada, com órgão de cúpula. Os responsáveis pelo governo do PCC estão custodiados nos presídios, quase todos marcados pela entropia, no que toca à questão disciplinar. Esses chefes conseguem com facilidade telefones celulares e os usam para a comunicação com o exterior: os vários governadores que cumpriram mandatos no estado de São Paulo mostraram-se incapazes de implantar um sistema de bloqueio desses aparelhos.

De 12 a 17 de maio de 2006, quando o governador Geraldo Alckmin afastou-se para concorrer à eleição para presidente da

República, o PCC promoveu, usando método terrorista, uma série de ataques na capital estadual e em cidades do interior, deixando a população em pânico e o governo de joelhos. Antes, em 2003, o PCC já tinha dado uma demonstração de força. Os soldados da organização, por ordem vinda de dentro do presídio, executaram o juiz-corregedor Antônio Machado Dias quando saía do Fórum, sem escolta, em direção ao seu automóvel. Motivo da morte: Machado Dias, como juiz de execução penal e corregedor do presídio, era rígido demais na concessão de benefícios prisionais.

Os ataques do PCC cessaram após acordo, sempre negado pelas autoridades – apesar dos fortes indícios, inclusive um voo a Presidente Prudente com aeronave do governo, cujos funcionários transportados teriam estabelecido contato com lideranças da organização delinquente.

O mencionado acordo com os chefões do PCC, recolhidos em presídio da comarca de Presidente Prudente, teria sido feito pela equipe de governo deixada por Alckmin. O acordo deu prestígio e força ao PCC, que passou a ter controle de territórios na periferia paulistana.

Frise-se que, partindo de uma organização criminosa de oito fundadores, no estado de São Paulo, conforme estimativa do final de 2019, o PCC conta hoje com 8 mil membros ativos. Essa organização pré-mafiosa está presente em 22 estados federados brasileiros. Calcula-se que tenha, por todo o Brasil, 30 mil associados fora dos presídios. Fica evidente que, entre outros fatores, o crescimento teve como facilitadores a incúria e a incapacidade dos governos Geraldo Alckmin e de outros políticos do seu partido ou coligação.

Alckmin assumiu o governo em 2001, com a morte do titular Mário Covas. Governou o estado de São Paulo de 2001 a 2006 e de 2011 a 2018, épocas de expansão do PCC, que, de bando, uma associação criminosa comum, passou à condição de pré-máfia, com presença em outros estados e em países de fronteira.

A imitar a Máfia siciliana, o PCC exige, em seu estatuto escrito, para o candidato a ingresso, a passagem por um rito de iniciação. Não chega a integrar o ritual a recitação feita para ingresso na Cosa Nostra – na organização italiana, enquanto a imagem em papel de Santa Rosália (padroeira de Palermo) é queimada, o mafioso regente do rito dá o aviso: "na Máfia se entra com sangue e só se sai com sangue".

Diferentemente da Máfia siciliana, o vínculo não é vitalício no PCC. Na Cosa Nostra, como o vínculo é perpétuo, existe a figura do *posato*, ou seja, daquele que está afastado da organização, mas sem perda do vínculo, o que lhe impõe os deveres de se manter em silêncio e não delatar.

Os ritos de iniciação não são particularidade da Cosa Nostra – tampouco, no Brasil, do PCC. No cárcere de Poggioreale, nos anos 1970, o camorrista Rafaelle Cutolo criou a Nuova Camorra Organizzata (NCO). Sua meta era transformar a velha Camorra, uma organização não verticalizada, sem cúpula de governo, numa organização em que fosse ele o chefe máximo, com os inúmeros e independentes chefões camorristas a lhe dever subordinação. Tentou hierarquizar, imitando a Cosa Nostra, mas não tinha, na Camorra, prestígio para tanto e estava encarcerado.

A organização NCO de Cutolo teve vida curta e já não se ouvia mais falar dela no início dos anos 1980. Cutolo, que tinha como aliado o napolitano Michele Zaza (o rei do contrabando de cigarros), criou, também, uma cerimônia de iniciação. A polícia conseguiu apreender uma fita gravada de cerimônia dirigida pelo próprio Cutolo. Sua voz anunciava:"Um camorrista deve sempre raciocinar com o cérebro e jamais com o coração [...]. Nós somos os cavaleiros da camorra. Somos homens de honra, da não delação e de princípios sadios. Somos os senhores do bem, da paz e da humildade, mas, também, donos da vida e da morte".

Armas

A repercussão negativa da não aprovação do anexo da Convenção de Palermo sobre armas leves levou a ONU a promover novos encontros.

Ainda que nos refiramos a armas leves, nada desprezível é o volume do capital movimentado por elas, quer para a indústria bélica, quer para os traficantes de armas.

Existe um *ranking* entre os principais países de fabricação e venda de armas e de munições. Os países de fabricação, segundo sua importância, são dispostos em três blocos. O primeiro e mais forte bloco é composto por Estados Unidos e Rússia.

No segundo bloco, estão França, Grã Bretanha e China. O terceiro é composto por Brasil, Itália, Suíça, Áustria e Argentina.

A ONU, com aprovação dos estados-membros, incentiva a utilização, para os países de produção e exportação de armas e munições, do Certificado de Destinação Final (CDF). Dessa maneira, se, por exemplo, um carregamento sair de porto brasileiro, expede-se o referido CDF e indica-se o país de destino, com especificação do porto de desembarque.

A intenção da ONU foi das melhores, não fosse a brecha para a burla. Como diz um ditado popular italiano, "entre o dizer e o fazer existe, no meio, um oceano".

Melhor seria, em tempo de telemática, a obrigatoriedade de consulta ao país dado como destinatário, sem prejuízo de verificações. Como não existem a informação nem a verificação, temos a possibilidade, por exemplo, de uma carga do Brasil para a Namíbia, na África ocidental, ir para outro lugar. No CDF indica-se Namíbia, mas, ainda por exemplo, as máfias podem, para burlar uma proibição, entregar o carregamento em outro país. O sistema de CDF é imperfeito.

O *lobby* da indústria armamentista é forte a ponto de nomes de peso e influência pantagruélica, findos os mandatos de presidente (chefe de Estado) ou de primeiro-ministro (chefe de governo), serem convidados a integrar seus conselhos consultivos: o falecido ex-presidente Bush, bem como os antigos chefes de governo James Baker e John Major, já integraram o conselho do Fundo Carlyle, que investe na indústria de armas. No Brasil e no Legislativo federal, existe – e é pública e notória – a apelidada "bancada da bala". Ela é formada por deputados comprometidos com a indústria bélica, tendo dela recebido verba de financiamento de campanha. No momento, o presidente brasileiro e seus três filhos (um senador, outro deputado federal e outro vereador na cidade do Rio de Janeiro) fazem aberto discurso em favor das armas de fogo, apresentadas por eles como instrumento de defesa.

No universo das armas leves, ainda se discute se a arma é instrumento de defesa ou de ataque. Discussão sempre aberta com o fim de derrubar proibições legais.

O certo mesmo é que as armas matam e os países de produção, incluído o Brasil, são países exportadores de violência. A respeito disso, o Brasil convive com um dilema ético, já que internamente impõe restrições ao porte e, externamente, destaca-se como integrante do terceiro bloco mundial de exportadores.

Para as máfias que apostam nas guerras e nos conflitos intestinos e embolsam 35% do lucro proveniente deles, volto a lembrar a frase, dita pelo personagem traficante interpretado por Alberto Sordi: "enquanto houver guerras e conflitos, há esperança".

Consumo de drogas

Um quadro novo e de consequência inesperada mostra ter perdido o sentido a já apontada discussão sobre fixação de responsabilidade entre estados-membros da ONU, com distinções entre países de produção, trânsito e consumo.

MÁFIA, PODER E ANTIMÁFIA

O quadro novo e surpreendente revela que os países de produção – e que só exportavam drogas proibidas – tornaram-se também países de consumo. Em países de trânsito de cocaína, como o Brasil, houve aumento de consumo. E nos países de consumo, este aumentou.

Esse novo quadro é explicável pelo excesso de produção. Quanto à cocaína, houve melhora do produto a ser refinado, além dos requintes tecnológicos e técnicos nos laboratórios. Não se deve esquecer o fato de a mão de obra disponível ser bem barata.

Quanto aos dados disponíveis sobre o tema, o relatório da ONU, via escritório de Viena, não é confiável. Esse escritório recebe informações dos estados-membros e procede à tabulação e análise. Como se diz, trata-se de análise, sem empenho em campo, de dados "chapa-branca".

Cerca de dez anos atrás, o envio de dados errados pelo Brasil, nos quais foram colocados zeros a mais no formulário encaminhado, levou o referido escritório da ONU a colocar o país como maior consumidor mundial de drogas proibidas. Nem a checagem de dados foi feita antes do anúncio.

O desmonte dos grandes cartéis colombianos não mudou a posição da Colômbia de gigante centro exportador. Uma miríade de *cartelitos*, com chefes sem exposição, mantém a oferta.

O cinismo internacional permanece quando nada se fala sobre a inexistência, nos países andinos, de oferta de cocaína, ou de indústria química, ainda que clandestina. Sem insumo não há refino da folha de coca. Além da presença do Brasil como grande fornecedor, existem operações triangulares de venda de insumos, como a ocorrida em Trinidad e Tobago. Essas duas ilhas caribenhas não possuem indústrias químicas, mas foram surpreendidas em aparecer como fornecedoras de insumos à Colômbia: é um caso de revenda de insumos provenientes de empresas europeias. Nos países andinos, a falta de indústria química leva à importação, e as importações oficiais, por ineficiência de vigilância, está sujeita a desvios. Nesse caso, é o próprio Estado a abastecer, com os insumos que importou e não vigiou, os laboratórios clandestinos de refino.

A falta de insumos em razão de apreensões policiais levam os químicos contratados pelos cartéis a isolar de outros produtos componentes fundamentais usados no refino da cocaína. Emprega-se até o cimento cinza, vendido em casas de materiais de construção.

As internacionais criminosas conseguem não só insumos químicos. Elas têm capacidade de mudar com facilidade rotas conhecidas e vulneráveis. Existe sempre um "plano B" de rotas alternativas.

O forte poder corruptor serve para manutenção de boa parte das rotas. Enquanto as polícias usam sempre o discurso de fronteiras secas e extensas, todo policial honesto sabe precisar o narcotráfico de estradas pavimentadas, bancos, portos, aeroportos e pistas clandestinas.

No Brasil, as rotas são mutáveis e o Paraguai, que não é país de produção, continua a funcionar como grande entreposto distribuidor de drogas, armas, munições, contrabando, pirataria etc. Ainda a respeito de entrepostos, os potentes cartéis

MÁFIA, PODER E ANTIMÁFIA

mexicanos usam países da América Central para o armazenamento de drogas adquiridas e para posterior revenda.

Embora existam os caminhos alternativos, o Brasil tem corredores conhecidos. No estado da Amazônia, na fronteira com a Colômbia, o tráfico flui por Tabatinga e Vila Bittencourt. No Pará, temos trânsito por Abaetetuba e Marabá. No Acre, nas divisas com Peru e Bolívia, a pasta-base e a cocaína escorrem por San Vicente, San Francisco, Basileia, Xapuri, Plácido de Castro. O Mato Grosso é usado para escoamento que se dá por Cáceres, Aguapeí, na fronteira com a Bolívia. Outro ponto importante de trânsito é o Mato Grosso do Sul, com destaque a Ponta Porã, Bela Vista, Dourados, Amambaí, Coronel Sapucaí, Porto Murtinho, Corumbá. O estado do Paraná é usado para escoamento por Foz do Iguaçu e Guairá.

Fora das Nações Unidas e agora referente à Santa Sé, ainda não se conhece, com clareza, a posição do respeitado papa Francisco. A posição conhecida da Igreja é conservadora, no que toca à legalização: *"En cuanto la liberalización de la droga, hay que recordar que la droga no se vence con la droga. La droga es un mal y al mal no se le hacen concesiones. La experiencia ha enseñado que la liberación no es una solución sino una rendición. La distición al caso entre drogas pesadas y ligeras conduce a un callejón sin salida, la toxicodependencia no acaece en la droga, sino en lo que conduce un individuo a drogarse".*[1]

---

1 Intervenção de Javier Lozano Barragán, chefe da delegação de observação da Santa Sé em sessão especial das Nações Unidas. *Anais da ONU*, 10 jun. 1998.

Neste início de século XXI, as discussões sobre drogas ilícitas diminuíram, mas continuam de "plantão", com os grupos fundamentalistas do proibicionismo espalhando desinformação e medo. Uma das mentiras se espalhou quando o Uruguai anunciou sua nova política para o consumo de erva canábica. A mentira referia-se ao risco de se morrer de *overdose* de ingestão de maconha.

Cientificamente se sabe que, para a tal *overdose* acontecer, há necessidade de consumo ininterrupto de quatro quilos da erva. Isso representa 40 mil vezes a dose habitual.[2]

As feiras internacionais da maconha caíram de moda. Foram turbinadas depois de a Holanda ter aberto os *coffee shops* com autorização de venda de cigarros de maconha, para consumo no próprio local.

Como o primeiro café foi o Sarasani, aberto em 1968 na cidade de Utrecht, a principal "Feira Internacional da Maconha" lá aconteceu. Manteve-se forte até a sua nona edição, quando foram recebidos mais de 20 mil visitantes e funcionaram 150 barracas expositoras.

Segundo cálculos não oficiais – e daí se dava explicação sobre o sucesso das feiras –, o comércio canábico na Holanda movimenta cerca de US$ 10 bilhões por ano.

Nas feiras holandesas, além das pessoas que fazem o uso lúdico-recreativo, figuravam como interessados os enviados

---

2 Blumir, *Marijuana: uno scandalo internazionale*, p.13.

pelas indústrias farmacêuticas. O interesse das indústrias dizia respeito aos sessenta componentes da erva canábica, sendo que muitos não possuem propriedades psicotrópicas.

Em 2006, quando da nona edição da feira, a mais concorrida, a erva era empregada a critério médico no tratamento de esclerose múltipla, para inibir vômitos em pacientes de quimioterapia, em casos de glaucoma, como analgésico, anestésico e tônico a despertar apetite em doentes terminais de Aids.

A feira também atraía empresários do setor alimentício interessados no óleo de semente de maconha, em produção de bebidas (chá, refresco e refrigerante), cosméticos e vestuário.

Na feira de Utrecht, seguida por outras na Suíça e Espanha, era disputadíssima a Highlife Cup, premiação para o produtor da melhor maconha.

Pedofilia, castração química e cortes constitucionais

A questão da pedofilia é complexa, mas as ciberpolícias têm sido eficientes no desbaratamento desse mercado específico. A cooperação internacional entre polícias vem funcionando a contento.

Os programas preventivos são eficientes, em especial aquele com alertas feitos aos pais. Na Europa, a imagem do "lobo mau" pegou e grudou no pedófilo. Nos filmetes preventivos, o lobo mau era aquele desejoso da "chapeuzinho vermelho", uma criança.

Uma manifestação do então presidente francês Nicolas Sarkozy reacendeu e deu dimensão internacional ao debate sobre a castração química para pedófilos e estupradores. Sarkozy disse: "castração química aos que violentam crianças". Na França, por lei, a castração química pode ocorrer se houver anuência do condenado. Em outras palavras, é voluntária.

No sistema francês existe uma peculiaridade. O pedófilo considerado perigoso por sentença condenatória definitiva tem a opção, depois de cumprir o tempo de pena de prisão, de optar pela castração química. Caso a recuse, fica internado em hospital-prisão, em uma espécie de medida de segurança social. O hospital-prisão francês fica na cidade de Lion.

A Corte Constitucional da Alemanha colocou, no país, uma pá de cal na questão da castração química. A Corte entendeu ilegítima (inconstitucional) a castração química pelo risco de comprometer a integridade corporal de modo irreversível. Para a Corte, nenhuma prova idônea existe a respeito da reversibilidade pós-castração.

Diante da decisão da Corte Constitucional alemã, temos, nesse país, terapias intensivas à disposição de pedófilos em busca de tratamento e cura.

As correntes mais rígidas se apresentam favoráveis à imposição, em sentença condenatória, da castração química, a implicar a obrigatoriedade de utilização de fármaco inibidor da libido. Para essas correntes, além de pedófilos, deveriam ser submetidos à castração química os estupradores.

Nos Estados Unidos, a castração química é adotada em oito estados, a título de medida preventiva temporária. O condenado por pedofilia pode escolher entre a intervenção químico-farmacológica e a psicoterapia.

Quando correntes de pensamento se opõem, é comum o surgimento de uma terceira, intermediária. A corrente intermediária surgiu para pregar o voluntário tratamento de bloqueio químico. Em Israel, dois condenados por estupro de menores solicitaram e foram atendidos no pedido de tratamento inibidor.

A corrente mais rígida tem como argumento principal evitar a reincidência por meio da castração química. A preocupação é com a reincidência e não com o castigo a pedófilos. A castração química é adotada em onze países, como Polônia, França, Inglaterra, Argentina, Canadá, Rússia e Estados Unidos. Na maioria deles, é voluntária, ou seja, depende da anuência do condenado.

Como regra, o sentenciado, para se livrar da prisão fechada, acaba por concordar com a castração química. Na Inglaterra, o tratamento é facultativo. Em período de trevas, a Inglaterra, quando criminalizava a homossexualidade por considerá-la desvio mental, atendeu um acusado homossexual que solicitou a inibição química, pois não queria permanecer encarcerado.

No Brasil, a discussão teve vida curta e foi motivada quando o então médico Roger Abdelmassih recebeu acusação por autoria de 48 estupros, em caso de grande repercussão nacional.

Ainda com relação ao Brasil, há proibição constitucional, verdadeira garantia. A respeito, é muito claro o artigo 5º, inciso XLVII, letra "e", e inciso XLIX, *caput*. Os projetos de lei sobre o tema tendem a nem passar nas comissões de Constituição e Justiça.

No mundo jurídico europeu, os debates começaram por focar no marquês de Beccaria, o humanizador do direito penal. Por influência dele, o respeito à integridade da pessoa virou conquista civilizatória. A conclusão apontou na direção acertada de que a pena não pode ser desumana e de o cárcere ter por finalidade reeducar, emendar.

Cárcere para mafiosos e terroristas

O sistema de cárcere duro italiano, imposto a condenados por associação mafiosa e terrorismo (art.41, bis, do Código Penitenciário), decorreu da chacina de Capaci, na qual perderam a vida Giovanni Falcone, a esposa e os homens da escolta. O sistema veio com o pacote antimáfia, ou, mais tecnicamente, por meio da Lei n.356, de 7 de agosto de 1992.

Antes da legislação especial e diante da guerra Máfia x Estado, presídios nas ilhas de Pianosa e Azinara abrigaram mafiosos de ponta. Desde a entrada em vigor da lei que introduzia o artigo 41, bis, na lei penitenciária, não mais há possibilidade de cumprimento de pena em presídio localizado em ilha.

Na Itália, existe a polícia penitenciária e agentes são especializados para cumprir tarefas em presídios especiais, que abrigam os sujeitos ao artigo 41, bis, do Código Penitenciário.

Uma decisão da Corte Constitucional italiana, diante de alegada inconstitucionalidade do artigo 41, bis, foi proferida e desagradou esperançosos mafiosos. Pela decisão, *grosso modo*, foi dito que as medidas restritivas devem ser direcionadas a

MÁFIA, PODER E ANTIMÁFIA

assegurar (tutelar) concretamente a ordem e a segurança. Portanto, pode-se privar uma categoria de presos daquilo que representa manifestação de poder real de afronta ao Estado.

Desde 1967, os quinze juízes da Corte Constitucional italiana têm mandato de nove anos, proibida a recondução. Como ensina Carla Rodotà, da composição da Corte se ocupa o artigo 135 da Constituição. A norma prevê que a Corte seja formada por quinze juízes: cinco eleitos pelo Parlamento, cinco nomeados pelo presidente da República, cinco eleitos pela suprema magistratura, ordinária e administrativa (três pela Corte de Cassação, um pelo Conselho de Estado e um da Corte de Contas). A duração de cada mandato foi inicialmente fixada em doze anos. Foi reduzida a nove anos em 1967, por uma lei de revisão constitucional. Os juízes constitucionais não podem ser reeleitos.[3]

No modelo constitucional brasileiro, a indicação ao Supremo é feita pelo presidente da República, submetendo-se o indicado à aprovação pelo Senado, depois de sabatina. Não há prazo de mandato, mas aposentadoria compulsória aos 75 anos.

Ao contrário da Corte italiana, o Supremo brasileiro não se manifesta apenas em questões constitucionais. O certo é que ele representa um quarto grau de reexame, ao passo que a Corte Constitucional italiana decide consoante consultas apresentadas e restritas à questão constitucional.

---

3 Rodotà, *Storia della Corte Costituzionale*, p.12-3.

No final do Segundo Império, Pedro II, incomodado e querendo se livrar do Poder Moderador, nomeou uma comissão para conhecer a Suprema Corte dos Estados Unidos. Para o imperador, seria a solução para o Brasil. Veio a República, e o modelo norte-americano serviu de inspiração por aqui.

O termo "máfia"

A origem do termo "máfia" perde-se no tempo. Não tem nenhuma relação com a ilha de Máfia do Oceano Índico, pertencente à Tanzânia.

Como *spaghetti* e *pizza*, o termo "máfia" ficou mundialmente conhecido e se banalizou. Para alguns estudiosos do seu étimo, o termo provém do latim *vafer*, tomado no sentido de pessoa com astúcia e sagacidade para enganar os outros.

Diante da dominação e influência árabe na Itália (de 827 a 1091), muitos pesquisadores buscaram e apontam três derivações: (1) *Mahfal*, no sentido de assembleia, reunião; (2) *mahias*, com o significado de fanfarrão; (3) *mafá*, a significar a proteção dada a alguém, um tipo de *pizzo* (extorsão).

Uma origem francesa da palavra também é cogitada. A raiz seria *meffler* ou *mauffer*, a designar o malfeitor (divindade do mal). Na Idade Média, por ocasião da revolta contra os franceses, usou-se o termo *Mafia* como acrônimo para *Morte* (M) *Alla* (A) *Francia* (F) *Italia* (I) *Anela* (A).

O prestigioso etnólogo Giuseppe Pitrè lembra o uso no Borgo de Palermo dos termos (a) "*mafia*", a indicar audácia e

MÁFIA, PODER E ANTIMÁFIA

coragem, e (b) *"mafiso"*, como aquele com consciência da sua superioridade.

Em 1862, o termo "máfia" aparece na peça teatral de Giuseppe Rizzoto: *I mafiosi di la Viccaria* (Viccaria era o nome do presídio). A palavra é empregada oficialmente apenas em 1865, como a opor resistência à recente Unificação da Itália.

O grande escritor e jornalista Gaetano Sciascia encontra em pesquisa, com relação ao ano de 1658, o nome de Caterina di Maffia, que era uma herética arrogante e audaciosa.

Um registro importante: no *Dicionário Traina* de 1868, o verbete *mafia* refere-se a audácia, superioridade, vanglória e coragem.

Origem posta de lado, essa organização criminosa, de arquitetura piramidal e cúpula de governo, no século passado e antes de cair na ditadura sanguinária de Totò Riina, movimentava cerca de 75 bilhões de euros anualmente. Seu faturamento era o dobro do obtido pela Fiat italiana e pela Enel (companhia de eletricidade). Era inferior ao da ENI (Ente Nazionale Idrocarburi), a multinacional petrolífera presente em setenta países, que é a maior empresa italiana.

Nos Estados Unidos, a Máfia, depois conhecida por Cosa Nostra, foi potente. Além de combater a macrocriminalidade, a famosa política que ficou conhecida como Tolerância Zero, do prefeito Giuliani de Nova York, tinha projetado acabar com o monopólio mafioso no comércio do peixe e na coleta de lixo.

Na monumental obra intitulada *Quando la Mafia trovò l'America: storia di un intreccio intercontinentale, 1888-2008*,

Salvatore Lupo, professor de História Contemporânea da Universidade de Palermo, conta sobre o ingresso da Máfia, no século XIX, em cidades ricas como Nova York e outras da costa oriental dos Estados Unidos.[4]

---

4 Lupo, *Quando la mafia trovò l'America: storia di un intreccio intercontinentale, 1888-2008*. Ver também *História da Máfia: das origens aos nossos dias*, São Paulo: Editora Unesp, 2002.

Referências bibliográficas

ABATE, L.; LILLO, M. *I re di Roma*: destra e sinistra agli ordini di Mafia Capitale. Milano: Chiarelettere, 2015.

ALBINI, J. *The American Mafia*: Genesis of a Legend. New York: Appleton-Century-Crofts, 1971.

AMURRI, S. (ed.). *L'Albero Falcone*. Palermo: Fondazione Giovanni e Francesca Falcone, 1992.

ANGLANI, B. (org.). Educare alla legalità. *I quaderni di via libera*, n.1, out. 2000.

ANDREOLI, M. et al. (org.). *Tangentopoli*: le carte che scottano. Introd. di Enzo Biagi. Milano: Mondadori/Panorama, 1993.

ARLACCHI, P. *La Mafia imprenditrice*: l'etica mafiosa e lo spirito del capitalismo. 2.ed. Bologna: Il Mulino/Contemporanea, 1983.

_____. *I collaboratori di Giustizia*: legislazione ed esperienza a confronto. Palermo: Fondazione Giovanni e Francesca Falcone, 1994.

_____. *Addio Cosa Nostra*: la vita di Tommaso Buscetta. Milano: Rizzoli, 1994. [Ed. bras.: *Adeus à Máfia*: as confissões de Tommaso Buscetta. São Paulo: Ática, 1997.]

AYALA, G. *Chi ha paura muore ogni giorno*: i miei anni con Falcone e Borsellino. Milano: Mondadori, 2008.

BARBACETTO, G.; GOMES, P.; TRAVAGLIO, M. *Mani Pulite*: la vera storia. Roma: Editori Riuniti, 2002.

BARBOSA, R. *Oração aos moços*. 7.ed. Rio de Janeiro: Elos Guanabara, 1961.

BECCARIA, C. (Cesare Bonesana, marquês de Beccaria). *Dos delitos e das penas*. Prefácio de Evaristo de Moraes. São Paulo: Hemus, 1971.

BELTRÃO, H. Para que serve a liberdade de expressão. *Folha de S.Paulo*, 15 jan. 2020. Disponível em: <https://www1.folha.uol.com.br/colunas/helio-beltrao/2020/01/para-que-serve-a-liberdade-de-expressao.shtml>. Acesso em: 23 jul. 2020.

BLUMIR, G. *Marijuana*: uno scandalo internazionale. Roma; Einaudi, 2002.

BOLZONI, A. *La Mafia dopo le stragi*: cosa è oggi e come é cambiata dal 1992. Milano: Melampo, 2018.

BUONGIORNO, P. *Totò Riina, la sua storia*. Milano: Rizzoli, 1993.

CAMARGO, D. C. Agravo número 60.349-3, votação unânime, Terceira Câmara do Tribunal de Justiça de São Paulo.

CAÑÓN, L. *El Patrón*: vida y muerte de Pablo Escobar. Bogotá: Planeta, 1996.

CASELLI, G. C. *Un magistrato fuori legge*. Milano: Melampo, 2005.

_____. *Le due guerre*: perché l'Italia ha sconfitto il terrorismo e non la Mafia. Milano: Melampo, 2009.

CAVADI, A. (org.). *Il vangelo e la lupara*: materiali su Chiesa e Mafia, v.1. Storia, teologia, pastorale. Bologna: Edizioni Dehoniane Bologna, 1993.

_____. *Il vangelo e la lupara*: materiali su Chiesa e Mafia, v.2. Testemonianze, tracce di preghiera. Bologna: Edizioni Dehoniane Bologna, 1993.

CAVALLARO, F. *Mafia*: album di Cosa Nostra. Milano: Rizzoli, 1992.

COHEN, R. *Ebrei di Mafia*. La malavita a New York: anni 1920-30. Milano: Baldini & Castoldi, 2000.

DALLA CHIESA, N. *Delitto imperfetto*: il generale, la Mafia e la società italiana. Milano: Melampo, 1984.

_____. *Il giudice ragazzino*: storia di Rosario Livatino assassinato dalla Mafia sotto il regime della corruzione. Roma: Einaudi, 1992.

_____; GELASSO, A.; GAMBINO, M. *L'omicidio Dalla Chiesa*. Roma: Libera Informazione, 1992.

DINO, A. *La mafia devota*: Chiesa, religione, Cosa Nostra. Roma: Laterza, 2010.

DINO, A. *Conversando com Gaspare Spatuzza*: um relato de vida, uma história de chacinas. São Paulo: Editora Unesp, 2018.

FALCONE, G.; PADOVANI, M. *Cose di Cosa Nostra*. 6.ed. Milano: Rizzoli, 1992.

FLAMIGNI, S. *La tela del ragno*: il delitto Moro. Milano: Kaos, 2003.

FRANCO, A. S. *Crimes hediondos*: a Lei 8072/90 e o Movimento da Lei e da Ordem. São Paulo: Editora Revista dos Tribunais, 2005.

GARCIA, B. *Instituições de Direito Penal*. 4.ed. São Paulo: Max Limonad, 1975.

GARCIA, D. S. Comissão de juristas incumbidos de estudos para reforma penal. *Vade Mecum Saraiva*. 25.ed. São Paulo: Saraiva, 2018.

GENTILE, R. Tráfico de drogas arrecada 9,7 milhões por mês na Cracolândia de São Paulo. *Folha de S.Paulo*, 3 fev. 2020. Disponível em: <https://www1.folha.uol.com.br/cotidiano/2020/02/trafico-de-drogas-arrecada-r-97-milhoes-por-mes-na-cracolandia-de-sao-paulo.shtml>. Acesso em: 4 ago. 2020.

GONZAGA, J. B. *A Inquisição em seu mundo*. São Paulo: Saraiva, 1994.

GRATTERI, N.; NICASO, A. *Storia segreta della 'Ndrangheta*: una lunga e oscura vicenda di sangue e potere (1860-2018). Milano: Montadori, 2018.

HAWKINS, G. God and the Mafia, *The Public Interest*, n.14, 1969, p.24-51.

INTERVENÇÃO de Javier Lozano Barragán, chefe da delegação de observação da Santa Sé em sessão especial das Nações Unidas. *Anais da ONU*, 10 jun. 1998. Disponível em: <http://www.vatican.va/roman_curia/secretariat_state/1998/documents/rc_seg-st_19980610_barragan-onu-droga_sp.html>. Acesso em: 7 ago. 2020.

KAISER, G. *Introducción a la criminologia*. 7.ed. Madrid: Editorial Dykinson, 1988.

LAQUEUR, W. *Il nuovo terrorismo*: collana storica diretta da Sergio Romano. Milano: Corbaccio, 2002.

LIBERA, Associazioni, nomi e numeri contro le Mafie e dal CIDI di Roma (org.), con il patrocinio dell'Assessorato alle politiche educative e dell'infanzia del Comune di Roma 1996. *Educare alla legalità*: il funzionamento dello Stato. Atti del Corso di aggiornamento per docenti della scuola media inferiore e superiore svoltosi a Roma dall'ottobre al dicembre 1996. Roma, 1996.

LODATO, S. *Venti anni di Mafia*: c'era una volta la lotta alla Mafia, con la sentenza Andreotti e la morte di Tommaso Buscetta. Milano: Rizzoli, 1999.

_____. *Trent'anni di Mafia*: storia di una guerra infinita. Milano: BUR Biblioteca/Univ. Rizzoli, 2006.

_____. *Ho ucciso Giovanni Falcone*: la confessione di Giovanni Brusca. Milano: Mondadori, 2017.

_____.; SCARPINATO, R. *Il ritorno del principe*: la criminalità dei potenti in Italia. Milano: Chiarelettere, 2008.

LO BIANCO, G.; RIZZA, S. *L'Agenda Rossa di Paolo Borsellino*: la morte del magistrato ucciso dalla Mafia cosa conteneva. 3.ed. Milano: Chiarelettere Editore, 2007.

LUPO, S. *História da Máfia*: das origens aos nossos dias. São Paulo: Editora Unesp, 2002.

_____. *Quando la Mafia trovò l'America*: storia di un intreccio intercontinentale, 1888-2008. Roma: Einaudi, 2008.

MAIEROVITCH, W. F. Apontamentos sobre política criminal e a "plea bargaining". Brasília: *Revista de Informação Legislativa*, a.28, n.112, 1991.

_____. Consagração do árbitro. *Folha de S.Paulo*, 31 maio 1997. Disponível em: <https://www1.folha.uol.com.br/fsp/1997/5/31/opiniao/8.html>. Acesso em: 4 ago. 2020.

_____. Devem-se criar salas para o uso de drogas? *Folha de S.Paulo*, 20 nov. 2004. Disponível em: <https://www1.folha.uol.com.br/fsp/opiniao/fz2011200410.htm>. Acesso em: 4 ago. 2020.

MARINO, G. C. *I padrini*. Roma: Newton Compton, 2007.

MARQUES, J. F. *O júri no direito brasileiro*. São Paulo: Saraiva, 1955.

MIOTO, A. B. *Curso de Direito Penitenciário*. São Paulo: Saraiva, 1975.

MORI, C. *Con la Mafia ai Ferri corti*. Milano: Mondadori, 1932.

MOSCA, G. *Che cosa è la Mafia*: con un saggio di Gian Carlo Caselli e Antonio Ingroia. Roma: Laterza, 2002.

MUSCI, A.; MINICANGELI, M. *Breve storia del Mossad*. Bologna: Datanews, 2001.

NETTO, V. *Lava Jato*: o juiz Sérgio Moro e os bastidores da operação que abalou o Brasil. Rio de Janeiro: Primeira Pessoa, 2016.

PADOVANI, U. A.; MOSCHETTI, A. M. *Grande antologia filosofica*: il pensiero cristiano. 5v. Milano: Marzorati, 1954.

PALAZZOLO, S.; PRESTIPINO, M. *Il Codice Provenzano*. Roma: Laterza, 2007.

PATENÒ, S. *Ù baccàgghiu. Dizionario comparativo etimologico del gergo della malavita*. Catania: Brancato Editore, 2000. (Biblioteca delle tradizioni popolare.)

PELLEGRINI, A.; CONDOLU, F. *Noi, gli uomini di Falcone*: la guerra che ci impedirono di vincere. Milano: Sperling & Kupfer, 2015.

RODOTÀ, C. *Storia della Corte Costituzionale*. Roma: Laterza, 1999.

SANTINO, U. *Storia del movimento antimafia*: dalla lotta di classe all'impegno civile. Roma: Editori Reuniti, 2000.

_____.; LA FIURA, G. *Dietro la droga*: economie di sopravvivenza, imprese criminali, azioni di guerra, progetti di sviluppo. Torino: Gruppo Abele, 1993.

SARTORI, G. *La democrazia in trenta lezioni*. Milano: Mondadori, 2008.

SAVIANO, R. *Gomorra*: viaggio nell'impero economico e nel sogno di dominio della Camorra. Milano: Mondadori, 2006. [Ed. bras.: *Gomorra*: a história real de um jornalista infiltrado na violenta máfia italiana. Rio de Janeiro: Bertrand Brasil, 2008.]

SCIASCIA, L; PADOVANI, M. *La Sicilia come metafora*. Milano: Mondadori, 1984.

SIMONI, G.; TURONE, G. *Il caffè di Sindona*: un finanziere d'avventura tra politica, Vaticano e Mafia. 3.ed. Milano: Garzanti, 2009.

SMITH JR., D. C. *The Mafia Mystique*. New York: Basic Books, 1975.

SOUZA, P. *Autópsia do medo*. Rio de Janeiro: Globo, 2001.

STERLING, C. *Un mondo di ladri*: le nuove frontiere della criminalità internazionale. Milano: Mondadori, 1994.

TESCAROLI, L.; GIORDANO, F. P. *Falcone*: inchiesta per una strage. Catanzaro: Rubbettino, 1998.

TORREALTA, M. *La trattativa*. Milano: BUR Biblioteca Univ. Rizzoli, 2010.

_____. *Ultimo, il capitano che arrestò Totò Riina*. Prefazione di Ilda Boccassini. Roma: Feltrinelli, 2013.

TOSINI, D. *Terrorismo e antiterrorismo nel XXI secolo*. Roma: Laterza, 2007.

TURONE, G. *Il delitto di associazione mafiosa*. Milano: Giuffrè Editore, 1966.

ZIEGLER, J. *A Suíça lava mais branco*. São Paulo: Brasiliense, 1990.

Índice remissivo

Acioli, Patrícia, 85

agências de inteligência, 125, 130, 191

Al Qaeda, 121-2, 128

Al-Assad, Hafez, 131

Al-Baghdadi, Abu Bakr, 122

Alckmin, Geraldo (governo de), 180, 213-5

Al-Libi, Abu Laith, 121

Al-Zarqawi, Abu Musab, 122

Al-Zawahiri, Ayman, 121

Andreotti, Giulio, 57-8, 67-71, 99-100, 165

Aprile, Andrea Finnocchiaro, 162-3

Badalamenti, Gaetano, 154-5

Batistti, Cesare, 134

Beltrame, José Mariano, 155

Bin Laden, Osama, 121-2

Bolsonaro, Flávio, 42, 87, 89

Bolsonaro, Jair (governo de), 41, 87, 89, 94, 107, 138, 181

Bontate, Stefano, 58, 71, 98, 150

Borsellino, Paolo, 34-5, 46, 77, 82-4, 109, 160

Brusca, Bernardo, 77, 96

Brusca, Giovanni, 26, 77, 96-7, 99-101, 103-4

Buscetta, Tommaso, 15, 27, 29-30, 98-100, 143, 148-50, 155

Bush, George W., 125, 177, 196-7, 199

Bush, George H. W., 217

Camorra, 31, 65, 72-3, 191, 215-6

capitano Ultimo, 148-9

Capone, Alphonse Gabriel "Al" (Al Capone), 189-90

Cardoso, Fernando Henrique, 14, 24, 32, 113, 132, 186

Caruana, Alfonso, 79

Caruana, Giuseppe, 79

castração química, 223-5

Certificado de Destinação Final (CDF), 217

Chiesa, Mario, 166

Ciancimino, Vitto Alfio, 57, 146, 151
Cimeira de Arche (Paris), 39
Coaf, 40-3
Comando Vermelho, 86-7
Conferência de Napoli, 116
Conselho da Europa (1990), 43
Convenção de 1961, 21, 177, 193-4, 198-201
Convenção de Palermo, 25-6, 32, 44, 47, 109, 117, 119, 125, 137, 190, 192, 216
Convenção de Viena, 35, 38-9, 43, 129, 201
Costa, Giuseppe, 91, 104
Costa, Rosaria, 91
Costanza, Giuseppe, 77, 104
Costello, Frank, 162
crack, 180, 187
Cracolândia, 179-81
Craxi, Bettino, 44, 110, 166-8

Dalla Chiesa, Carlo Alberto, 65-6, 68-70, 153
delação premiada, 137
Di Matteo, Giuseppe, 96, 100
Di Matteo, Santino, 96
Dias, José Antonio Machado, 85
direito premial, 26, 101, 108, 137-8, 140, 144

Egmont Group, 43

"escândalo das rachadinhas", 42
Escobar, Pablo, 37, 112
estupro, 225
extorsão, 15, 49-50, 55, 87, 228 (ver também *pizzo*)

Falcone, Giovanni, 15, 27-30, 34-5, 44-6, 56, 58-9, 61, 65, 69, 75-7, 80-83, 91, 97, 99-101, 104, 109, 113, 137-8, 156, 197, 211, 226
Franco, Marielle, 15, 87-8

Gafi, 39-42
Genovesi, Vito, 142, 162
Gomes, Anderson Pedro Mathias, 88
Graviano, Giuseppe, 60, 83, 110
Greco, Girolama, 98
Greco, Salvatore (Ciaschiteddu), 98

homens-bomba, 121-2

Impastato, Giuseppe (Peppino), 152, 154-5
indústria armamentista, 217
Ingroia, Antonio, 19, 150

jihad, 121

Khamenei, Ali, 129

La Torre, Pio, 62-5

Lansky, Meyer, 52-4, 189

lavagem de dinheiro, 30-1, 37, 42, 97, 189, 197

Liggio, Luciano, 147

lei do silêncio, 59, 86, 88, 90, 92, 137 (ver também *omertà*)

Lei Seca, 54, 188-9

Lessa, Ronnie, 88

Libera, 31-2, 156

Livatino, Rosario, 70, 109

Lopes, Tim, 86-7

Luciano, Lucky, 52, 142, 161-3

Lula (Luiz Inácio Lula da Silva), 113, 134-5, 183-4

maconha (*cannabis*), 22, 36, 174-5, 177, 187, 199, 201, 222-3

marquês de Beccaria, 104-5, 116, 126

Matarella, Piersanti, 56, 58

maxiprocesso de Palermo, 81, 148

Mello, Marco Aurélio, 81

milícias, 14-5, 26, 50, 85-6, 88, 90, 92-4, 128

Mori, Cesare, 163

Moro, Aldo, 57-8, 67

Moro, Sérgio, 138, 205

Mutulo, Gaspare, 62, 147-8

narcossalas, 174, 177-9, 201

Navarra, Michelle, 147

'Ndrangheta, 40, 62, 65, 72, 140

Nixon, Richard, 195

Nóbrega, Adriano Magalhães da, 87-8

omertà, 30, 59, 75, 89-90, 92, 96, 137

11 de Setembro, 124-5

Operação Mãos Limpas, 31, 110, 165-8

Pacto da Basileia, 39

PCC, 26, 40, 50, 85, 90, 112, 147, 159-60, 180, 213-5

pedofilia, 223, 225

penalidades, 104

Pinheiro, Ronald Paulo Alves, 87

Pizza Connection, 78

pizzo, 49-52, 54-5, 87, 228

Plan Colombia, 23-4, 112, 195-8

polícia pacificadora, 155

política criminal, 31, 140, 171-6, 202, 209-10

Porta dos Fundos, 123-4

proibicionismo, 200, 201, 222

Provenzano, Bernardo, 151-2

Puglisi, dom Pino, 59-61

Queiroz, Élcio, 88

Queiroz, Fabrício, 89

Reagan, Ronald, 195, 197

Salamone, Antonino, 77-81, 96-9

Schifani, Vito, 90-91

Sciascia, Leonardo, 26, 81-2, 90, 92

Sindona, Michele, 30-1
Soleimani, Qasen, 127-9
Spatuzza, Gaspare, 60-1, 83
Stroessner, Alfredo, 133
Suíça, 39, 43-4, 114, 167, 176, 178, 217, 223
Swift, 38

terrorismo, 58, 66, 102, 119-25, 127, 133, 138-40, 197, 226
    terrorismo de estado, 121, 125-7, 129-30, 133

Trump, Donald, 127, 129

Ucciardone, 147-9

Valacchi, Joe (Joseph), 141-5
Vassali, Giuliano, 94
Vitale, Leonardo, 141, 145
Vizzini, Calogero "don Calò", 162-3
Volstead Act, 188
von Ihering, Rudolf, 138

war on drugs, 21, 23, 182, 195, 197, 201

SOBRE O LIVRO

Formato: 13,7 x 21 cm
Mancha: 24,6 x 38,4 paicas
Tipologia: Adobe Jenson Regular 13/17
Papel: Offset 75 g/m² (miolo)
Cartão supremo 250 g/m² (capa)

1ª edição Editora Unesp: 2021

Imagem de capa
O chefe da máfia Charles 'Lucky' Luciano (centro) caminhando com seus capangas. Sicília, 1948.
© Slim Aarons / Getty

Imagem à página 7
MARKA / Alamy Stock Photo

Imagem à página 99
The History Collection / Alamy Stock Photo

EQUIPE DE REALIZAÇÃO

Edição de texto
Tulio Kawata (Copidesque)
Jennifer Rangel de França (Revisão)

Capa
Negrito Editorial

Editoração eletrônica
Sergio Gzeschnik

Assistência editorial
Alberto Bononi
Gabriel Joppert

.

Impressão e Acabamento

PlenaPrint
Indústria Gráfica